跨境电商B2B
询盘业务宝典

郭 萍 陈转青 聂志鹏 著

兰宜生 主审

电子工业出版社
Publishing House of Electronics Industry
北京·BEIJING

内 容 简 介

本书以帮助跨境电商 B2B 业务员高效成交订单为主旨，依托全球主流的跨境电商 B2B 平台——阿里巴巴国际站，从跨境电商 B2B 业务员的基本知识和素养、跨境电商 B2B 询盘系统、跨境电商 B2B 询盘业务处理、跨境电商 B2B 商务谈判、阿里巴巴国际站业务操作必备五部分内容引导跨境电商 B2B 业务员进行自身能力的提高。在询盘业务处理方面，本书以传统外贸"询盘、发盘、还盘、接受"这个基本流程为基础，从一线业务员每天操作跨境电商 B2B 询盘业务更细微的流程入手，用来自企业的真实案例指导业务员撰写客户开发信、分析询盘、跟踪客户、报价等。其中，询盘首回复、客户的引导沟通等环节是本书的创新之处。

本书既可以作为跨境电商 B2B 业务员的培训用书，又可以作为本科院校跨境电商相关课程的参考书。

未经许可，不得以任何方式复制或抄袭本书之部分或全部内容。
版权所有，侵权必究。

图书在版编目（CIP）数据

跨境电商 B2B 询盘业务宝典/郭萍，陈转青，聂志鹏著. —北京：电子工业出版社，2019.10
ISBN 978-7-121-37743-3

Ⅰ.①跨… Ⅱ.①郭… ②陈… ③聂… Ⅲ.①电子商务—教材 Ⅳ.①F713.36

中国版本图书馆 CIP 数据核字（2019）第 240162 号

责任编辑：刘 瑀
印　　刷：北京盛通数码印刷有限公司
装　　订：北京盛通数码印刷有限公司
出版发行：电子工业出版社
　　　　　北京市海淀区万寿路 173 信箱　邮编：100036
开　　本：720×1 000　1/16　印张：16.75　字数：241 千字
版　　次：2019 年 10 月第 1 版
印　　次：2024 年 12 月第 6 次印刷
定　　价：59.00 元

凡所购买电子工业出版社图书有缺损问题，请向购买书店调换。若书店售缺，请与本社发行部联系，联系及邮购电话：（010）88254888，88258888。
质量投诉请发邮件至 zlts@phei.com.cn，盗版侵权举报请发邮件至 dbqq@phei.com.cn。
本书咨询联系方式：liuy01@phei.com.cn。

序 言
PREFACE

与小郭（郭萍）的相识起缘于前年的返乡之旅，旅途中在河南科技学院为经济与管理学院的学生做个讲座。那时小郭正准备启程去新西兰梅西大学进行高等教育教学法的研修学习，临行前还在积极备战全校的青年教师讲课比赛。眼前的这位青年人言谈之中饱含着对国际贸易专业的热忱，尤其是对跨境电商教学的执着与投入。犹记得小郭曾经向我展示过她用PS设计的配有中国古典音乐背景的讲课大赛参赛PPT，显然，只有拥有多年的跨境电商实践经验，才能娴熟地进行这样的教学设计，创新精神可嘉。小郭在新西兰访学期间，就曾经和我交流过出版本书的想法，从起意构思到成稿，集结了一个热爱跨境电商教学的老师笔耕不辍的坚韧和将实践提升至理论层面的信心，因此在图书即将出版之际我欣然接受了作序的邀请。

《跨境电商B2B询盘业务宝典》一书有以下几方面的特点。首先，条理清晰。本书的逻辑来源于跨境电商B2B询盘业务实践的真实情况，与一般外贸实务书籍传统的"询盘、报价、还盘、接受"

的逻辑相比，本书显然有着更细致的分类，它依照客户是否对业务员的首回复予以还盘及其还盘情况进行分类，按照时间和实践的逻辑，真实地还原了跨境电商 B2B 询盘业务场景，并提出应对技巧和策略，使得本书业务主线清晰。其次，实践性强。本书所引用的大部分案例为著者在跨境电商 B2B 询盘业务指导过程中亲历的真实询盘，理论来自于实践又能指导实践，因此本书既可以作为高校跨境电商课程的教材，也可以作为跨境电商 B2B 公司业务员的培训教材。再次，触类旁通。本书归纳总结了全球跨境电商 B2B 询盘系统的共性和不同，并以阿里巴巴国际站的询盘系统为代表进行讲解，能够使读者达到举一反三的学习目的。最后，易学易用。书中每个章节都设计有相应的引导读者思考的思考题和实操题，实操题还配有详细的答案，读者学习一个章节后，立刻有机会运用知识解决现实问题。一方面读者可以巩固所学到的知识，另一方面也有了实践动手操作的机会。

在全球化、信息化波澜起伏的当今世界，我国领导人提出"一带一路"的国际合作倡议，跨境电商正是实现这一宏图的重要路径之一，然而跨境电商的人才供应却远远落后于经济发展的需要，因此加快我国跨境电商人才培养意义重大。相信每一位勤奋好学、乐于探索实践的青年人都可以借助本书由职场新人锻炼成长为干练的跨境电商业务高手。

科技进步一日千里，长江后浪推前浪，我很高兴看到并期望小郭这样的青年学者继续砥砺前行，探索创新，不断推出新成果，为中国的电子商务专业教育和国内外网络经济的发展做出自己的贡献。

兰宜生

前　言
PREFACE

　　寒暑一秋，《跨境电商 B2B 询盘业务宝典》终于面世。作为国际贸易专业的教师，能将从事跨境电商 B2B 询盘业务的经验归纳总结成书，是件令人欣慰的事情。本书的出版可以说是对高校教师的产学研结合的鼓励，更是一名教育工作者实现"从课堂到实践，从实践到理论再回归课堂"的梦想的见证。从社会需求来说，近年来，跨境电商飞速发展，跨境电商 B2B 成为跨境电商中的主力军，因为其相比于 B2C，谈判时间更长、交易金额更大，对业务员自身的素质要求更高。无论是跨境电商 B2B 的企业还是高校的跨境电商相关专业，均迫切需要跨境电商 B2B 业务指导书籍的出现。

　　撰写本书的念头来源于在跨境电商 B2B 询盘业务中指导新人的经历。所谓熟能生巧，指导多了，便发现并总结了跨境电商 B2B 询盘回复、跟踪、谈判、签单诸环节的内在规律。如果说传统国际贸易专业"外贸函电"课程着眼于询盘回复和跟踪的大方向、大原则，本书内容则着眼于跨境电商 B2B 询盘沟通和商务洽谈更细致的环节及逻辑。本书以阿里巴巴国际站的跨境业务实操为背景，取材机械制造、纺织等多个行业，尤以机械制造行业为重点。这是因为机械制造行业的跨境电商 B2B 业务涉及的问题多，对业务员的素质要求高。本书内容涵盖跨境电商 B2B 业务员的基本知识和素养、跨境电商 B2B 询盘系统、跨境电商 B2B 询盘业务处理、跨境电商 B2B 商务谈判和阿里巴巴国际站业务操作必备五部分，旨在帮助各行各业的跨境电商 B2B 业务新人轻松实现从小白到高手的成功蜕变。

  本书为河南省一流在线课程配套教材，读者可登录中国大学 MOOC 网站学习本书配套的视频课程，课程名称为《跨境电商 B2B 实务》。

  在此我要感谢我的家人在本书写作过程中给予我的支持，感谢上海财经大学兰宜生教授担任本书的主审，让本书在学术上更具有科学性和严谨性，感谢所有对本书提出建议的老师、朋友，你们的建议使本书的内容更加完善。由于著者水平有限，书中难免有错误之处，请广大读者批评指正。

著 者

目 录
CONTENTS

第一章　跨境电商B2B业务员的基本知识和素养 ……………………1

　第一节　跨境电商B2B业务员的基本知识 ……………………………3
　　　一、外语水平 ………………………………………………………4
　　　二、计算机操作水平 ………………………………………………5
　　　三、专业的外贸知识 ………………………………………………5
　　　四、专业的产品知识 ………………………………………………6
　　　五、广泛的学科背景知识 …………………………………………7

　第二节　跨境电商B2B业务员的基本素养 ……………………………9
　　　一、自信 …………………………………………………………10
　　　二、勤奋 …………………………………………………………10
　　　三、良好的沟通能力 ……………………………………………11
　　　四、敏锐的觉察力 ………………………………………………12
　　　五、坚持 …………………………………………………………12

　第三节　跨境电商B2B业务员应聘实操 ……………………………14
　　　一、跨境电商B2B业务员应聘常见面试题目 …………………14

二、跨境电商B2B业务员应聘常见面试题目分析……………………15

　本章小结………………………………………………………………………20

第二章　跨境电商B2B询盘系统……………………………………………23

　第一节　主流跨境电商B2B询盘系统综述…………………………………25

　　一、共性………………………………………………………………………25

　　二、区别………………………………………………………………………26

　第二节　阿里巴巴国际站询盘系统…………………………………………28

　　一、询盘………………………………………………………………………29

　　二、邮箱………………………………………………………………………30

　　三、RFQ………………………………………………………………………30

　　四、客户………………………………………………………………………32

　　五、实时营销…………………………………………………………………33

　　六、访客详情…………………………………………………………………33

　　七、TradeManager……………………………………………………………34

　第三节　阿里巴巴国际站询盘系统实操……………………………………36

　本章小结………………………………………………………………………37

第三章　跨境电商B2B询盘业务处理………………………………………39

　第一节　跨境电商B2B客户开发信的撰写…………………………………42

　　一、客户开发信的基本内容…………………………………………………42

　　二、客户开发信模板…………………………………………………………46

　　三、重点客户开发信模板……………………………………………………50

　　四、撰写客户开发信的注意事项……………………………………………56

　　五、实操………………………………………………………………………59

第二节　跨境电商B2B询盘的类型分析······60
一、跨境电商B2B询盘的基本类型······61
二、跨境电商B2B询盘类型判断的依据······64
三、实操······72

第三节　跨境电商B2B询盘之首回复······75
一、跨境电商B2B询盘的类型······75
二、跨境电商B2B询盘的回复······76
三、实操······84

第四节　跨境电商B2B询盘之引导沟通······86
一、案例引导······87
二、引导沟通的思路······90
三、引导沟通的黄金5C原则······93
四、关于引导沟通逻辑性和语言表达风格的特别说明······94
五、实操······95

第五节　跨境电商B2B询盘之报价······100
一、跨境电商B2B询盘报价的含义和方法······100
二、跨境电商B2B询盘报价之案例分析······101
三、跨境电商B2B询盘报价策略······106
四、应对客户讨价还价的方法······108
五、应对客户讨价还价的案例分析······109
六、实操······113

第六节　跨境电商B2B询盘之跟踪······114
一、跟踪情况分类······114
二、报价前如何跟踪客户······115

三、报价后如何跟踪客户 ……………………………………………… 121
　　　四、成交后如何跟踪客户 ……………………………………………… 125
　　　五、实操 ………………………………………………………………… 126
　第七节　跨境电商B2B询盘之其他贸易条款磋商 …………………………… 128
　　　一、跨境电商B2B货款收付条款的贸易磋商 ………………………… 128
　　　二、跨境电商B2B包装条款的贸易磋商 ……………………………… 133
　　　三、跨境电商B2B运输条款的贸易磋商 ……………………………… 137
　　　四、跨境电商B2B国际货物运输保险条款的贸易磋商 ……………… 142
　　　五、实操 ………………………………………………………………… 146
　第八节　跨境电商B2B询盘之成交、付款与交货 …………………………… 147
　　　一、成交环节 …………………………………………………………… 147
　　　二、付款和信用证开立环节 …………………………………………… 149
　　　三、发货前后相关环节 ………………………………………………… 152
　　　四、实操 ………………………………………………………………… 154
　第九节　跨境电商B2B询盘之售后服务 ……………………………………… 156
　　　一、产品售后的安装或调试 …………………………………………… 156
　　　二、协调产品交易和使用中的问题 …………………………………… 157
　　　三、为客户提供公司或产品的新动向、新信息 ……………………… 160
　　　四、与客户保持友谊 …………………………………………………… 163
　　　五、实操 ………………………………………………………………… 165
　本章小结 ………………………………………………………………………… 166

第四章　跨境电商B2B商务谈判 …………………………………………… 167
　第一节　海外客户的接待 ……………………………………………………… 169
　　　一、海外客户来访的一般目的 ………………………………………… 169

目 录

　　二、客户来访之前的准备工作 171
　　三、会谈流程 176
　　四、会谈的后续工作 177
　　五、访问的后续工作 178
　　六、英文邮件模板 178
　　七、实操 180

　第二节　国际商务谈判的技巧与策略 184
　　一、国际商务谈判前应做的准备工作 184
　　二、国际商务谈判的技巧 188
　　三、恰当解决商务谈判中出现的问题 191
　　四、实操 192

　第三节　世界主要国家和地区的主要节日和饮食习惯 194
　　一、亚洲国家和地区 194
　　二、欧美国家和地区 197
　　三、大洋洲国家和地区 201
　　四、非洲国家和地区 202

　本章小结 203

第五章　阿里巴巴国际站业务操作必备 205

　第一节　阿里巴巴国际站RFQ板块 207
　　一、RFQ报价及其路径 207
　　二、RFQ报价环节 212
　　三、RFQ报价中需要注意的问题 214
　　四、实操 216

第二节　阿里巴巴一达通服务及下单流程……………………217
　　一、阿里巴巴一达通服务及其发展历程………………………217
　　二、阿里巴巴一达通服务的种类………………………………218
　　三、阿里巴巴一达通服务的使用流程…………………………218
　　四、实操………………………………………………………220

第三节　阿里巴巴信用保障服务及操作流程……………………222
　　一、信用保障服务的概念及起源………………………………222
　　二、信用保障服务对买家和卖家的好处………………………223
　　三、信用保障服务的使用流程…………………………………225
　　四、实操………………………………………………………226

本章小结………………………………………………………………227

附录A　实操参考答案……………………………………………………229
　　一、第三章第一节实操参考答案………………………………230
　　二、第三章第二节实操参考答案………………………………232
　　三、第三章第三节实操参考答案………………………………234
　　四、第三章第四节实操参考答案………………………………237
　　五、第三章第五节实操参考答案………………………………240
　　六、第三章第六节实操参考答案………………………………242
　　七、第三章第七节实操参考答案………………………………244
　　八、第三章第八节实操参考答案………………………………246
　　九、第三章第九节实操参考答案………………………………247
　　十、第四章第一节实操参考答案………………………………249
　　十一、第四章第二节实操参考答案……………………………252
　　十二、第五章第三节实操参考答案……………………………252

第一章

跨境电商 B2B 业务员的基本知识和素养

每位跨境电商 B2B 业务新人都希望成长为业务精英。但是，梦想与现实之间的"门槛"需要跨越。"门槛"二字引人猜想：做跨境业务，很难吗？其实，做跨境业务，虽有门槛，但并非高不可攀。20 世纪八九十年代，外贸工作显得很神秘。但是全球信息化高度发达的今天，外贸工作已被摘下神秘的面纱，跨境电商的发展极大地拉近了国际买家和卖家的距离。"千里订单一线连"。在跨境电商的业务形式中，B2B 相比于 B2C，业务沟通更复杂，因为其往往涉及的订单金额数大、战线长。B2C 或者 C2C 业务中买家和卖家沟通后就直接下单的情形在 B2B 业务中较少看到。跨境电商 B2B 工作复杂，对业务员的要求也相对较高。本章重点讨论跨境电商 B2B 业务员应具备的基本知识和素养。跨境电商 B2B 业务员可以此为参照进行自身能力的提高，相关企业也可以此为人才招聘的标准。

第一节　跨境电商 B2B 业务员的基本知识

思考：

1. 跨境电商 B2B 业务员和运营人员的工作内容有何不同？
2. 跨境电商 B2B 业务员应拥有哪些基本的知识？

跨境电商 B2B 工作基本分为两种类型，一类是运营工作，对应的工作人员称为运营人员；另一类是业务工作，对应的工作人员称为业务人员（简称业务员）。运营人员的基本责任是进行跨境电商 B2B 平台的产品信息推广，以使产品信息高频率地曝光，吸引潜在客户发起询盘，或通过多种途径获取潜在客户信息，交付业务员进行洽谈或跟踪。运营人员的基本工作内容包括：跨境电商 B2B 平台上产品图片、视频、文字信息的设计、发布及优化，关键词的整理及优化，店铺的装修，运营策略的制定，运营效果的跟踪、评估、反馈，运营策略的修正等。对于推广渠道较多的企业，跨境电商 B2B 运营人员有时还需进行企业外文网站的建设、优化及搜索引擎的优化等工作。运营工作获取的客户询盘和客户信息最终须交付专业的业务员进行沟通。跨境电商 B2B 业务员的主要工作就是与客户进行高质量的询盘沟通，接待客户，成交订单，努力使潜在客户变成真正的客户，同时维护老客户并挖掘更多的潜在机会成交新订单。

图 1-1 详细阐释了跨境电商 B2B 业务员和运营人员的主要工作内容。业务员的工作能力的高低直接关系到企业的收入和利润，因此跨境电商 B2B 业务员的自身的知识和素养十分重要。那么，跨境电商 B2B 业务员需要拥有哪些基本知识才能胜任工作呢？

跨境电商 B2B 业务员	跨境电商 B2B 运营人员
1. 询盘交流	1. 设计产品图片、视频
2. 客户接待	2. 设计产品文字信息
3. 商务洽谈	3. 发布产品图片、视频及文字信息
4. 参加展会	4. 优化产品图片、视频及文字信息
5. 起草合同	5. 关键词的整理及优化
6. 成交订单	6. 店铺的装修
7. 跟踪订单	7. 运营策略的制定
8. 开发新客户	8. 运营效果的跟踪
9. 维护老客户	9. 运营效果的评估
	10. 运营效果的反馈
	11. 运营策略的修正

图 1-1　跨境电商 B2B 业务员和运营人员的主要工作内容

一、外语水平

做外贸需要和外国人打交道，英语水平非常重要，业务员应该具备较高的英语水平。作为衡量大学毕业生英语水平高低的工具，大学英语四六级考试（CET-4 和 CET-6）依然是有效的参照标准。一般来讲，业务员应至少具备英语四级的水平。对于多数外企和大公司，业务员招聘的要求是英语至少要达到六级水平或拥有剑桥商务英语二级证书（BEC2）。许多企业一边通过跨境电商做外贸，一边经常去国外参展。即使是单纯的跨境电商企业，有时也需要接待客户来访，因此英语口语较好的人才广受跨境电商企业欢迎，具备较好的英语书面和口语能力是跨境电商企业对业务员的基本要求。虽然业务员需要具备一定的英语水平，但是现代信息技术的发展让英语水平不太高的人也有了与客户从容交流的可能。Google 翻译、有道翻译等语言工具可以帮助业务员与客户进行沟通。特别值得一提的是，随着跨境电商小语种平台业务的增多，跨境电商企业急需小语种人才。日语、德语、法语、俄语、西班牙语、葡萄牙语、韩语是目前人才市场需求旺盛的小语种。对尚有余力的业务员而言，学习一门小语种也是一个不错的选择。

二、计算机操作水平

一般来说，跨境电商 B2B 业务员需要达到计算机二级水平。对 Word、Excel、PowerPoint 这些软件的熟练应用必不可少。除此之外，业务员还需要掌握 Photoshop（PS）软件的基本操作，能够进行抠图、组图、添加文字、添加边框、美化图片等工作。虽然跨境电商企业渐趋专业分工，也就是业务、运营、跟单工作相互分离，运营人员需要熟练使用 PS 软件，但是业务员也应具备一定的 PS 软件应用能力，如使用 PS 软件给客户制作贺卡、产品目录、示意图等是业务员的基本能力。

三、专业的外贸知识

跨境电商 B2B 业务员应该掌握基本的外贸知识。目前我国高校国际贸易专业普遍开设有"国际贸易""国际贸易实务""跨境电商实务""商务英语""商务谈判"等课程，这为外贸专业毕业生打下了较好的学科基础。这些毕业生普遍拥有较扎实的专业外贸基础知识。英语专业通常开设有商务英语方向，在这类方向的课程体系中，往往也有外贸类的课程，因此商务英语专业的毕业生，也会拥有一定的外贸基础知识。同时，由于英语课程在我国高校各个专业普遍开设，因此很多专业虽不开设外贸类课程，但相当一部分学生的英语能力较好。这部分学生转做跨境电商 B2B 业务，可以边做边学，在成交两个外贸业务单子后，他们就能够实现外贸知识的基本入门，其后，可以在以后的工作中快速积累外贸专业知识。目前，很多公司招聘业务员并不局限于国际贸易专业，反而更倾向于招聘专业背景各异的人员来组成跨境电商团队。因为专业不同，人的思维方式也不同，在工作中可能起到互补的作用。还有一些高校为非国际贸易专业的学生开设跨境电商类选修课程，这无疑为希望从事跨境电商业务工作的非国际贸易专业的学生提供了很好的学习机会。

值得注意的是，我国高校目前也开始开设跨境电商专业，未来跨境电商专业的学生会拥有更多的专业知识。但是跨境电商本身跨学科的性质，决定了它必将会继续吸纳多专业的人才。因此，若想成为专业的跨境电商人才，在校期间储备好跨境电商所需的专业外贸知识是必不可少的。

四、专业的产品知识

掌握专业的产品知识对跨境电商 B2B 业务员来说是十分关键的。这关系到业务员和客户进行沟通的专业度和熟练度，关系到业务员能否有效地向客户展现公司产品的特点及性能，进而最终影响客户是否有下单意愿。新人通常可以通过以下途径获取专业的产品知识。

第一，公司的业务培训。一般来说，公司会组织新人参加产品知识培训，新人通常可以在培训会上获得大量的系统化的产品信息。当然，对于初涉一个行业的新人而言，一下子接触大量的产品知识，不一定能够完全记住，产品知识的学习需要通过工作的实践而不断加强。

第二，与公司的技术人员和老业务员进行交流。公司的技术人员通常最了解产品的性能，而拥有长期工作经历的老业务员通常也拥有丰富的产品知识，新人应该经常向他们"取经"。

第三，多到工厂进行实地学习。所谓"百闻不如一见"，到工厂里才能更好地了解产品的制作工艺和结构。当业务员能够对产品的生产流程、工艺、材质、用途、优缺点做到了如指掌时，离成功也就不远了。曾经有这样一位国际贸易专业的毕业生,刚刚大学毕业时被安排去做内销业务员,结果,工作半年,打了无数的业务电话,一个单子都没有做成,于是老板安排他去做仓库管理员。起初,他很不服气,心想:"我上了几年大学就是为了做仓库管理员吗?"心中萌生了辞职的念头。这种情绪被老板及时察觉。老板就与他沟通说:"做仓库管理员是为了让你更加熟悉产品的用途和每个配件的作用,这样以后再谈业务,你就能更加深入地讲解产品,让客户信服,获得更多的订单。"任职半年仓库管理员之后,这位毕业生转到公司的外贸部门,第一年就成了销售冠军。这样的成绩和他做过仓库管理员,熟悉产品大有关系。

第四,工作中自身经验的积累。进入一个行业久了,自然会积累大量的产品知识。有些知识其实未必能够直接从别处学来,需要在和客户的接触过程中逐渐积累。例如,有的客户在购买产品的过程中,货比三家,反倒懂得比业务员还多;有的客户在长期使用产品时,总结出来大量的产品使用经验,也是业务员所不了解的。因此善于从工作的各个环节总结、积累知识,也是业务员成长的必然一环。

五、广泛的学科背景知识

在人才招聘会上,经常会有企业对国际贸易专业毕业生的文理科背景很感兴趣。由于大学专业学习的要求,我国学生在高中时就有文科和理科分科的习惯。然而社会需求的往往是具有广泛学科背景知识的人才,并不是简单的文科、理科的分科可以满足的。在人才市场上,有些毕业生是国际贸易专业的,高中学习的是文科,故用人单位会想当然地认为其逻辑推理能力较理科生弱。而理科背景的毕业生很多用人单位又觉得其文字表达的功力可能比较欠缺。现实中,化工行业的公司招聘业务员时,希望能招到既懂得外贸知识,又擅长英语交流,并且懂一些化工产品知识、逻辑能力强的人。而机械制造行业的公司，希望能招到拥有外贸知识、英语基础，又懂一些机械知识的人。因此用人单位会倾向于在进行面试和笔试时，通过相应的考题对应聘者的思维逻辑能力、文字能力等多学科能力进行考核。所以，要做一名合格的业务员需要锻炼自己多方面的能力，积累多方面的知识。只有成为一个广闻博览的人，才能为自己的未来创造更多的机会。

图 1-2 给出了跨境电商 B2B 业务员所应具备的基本知识结构图。

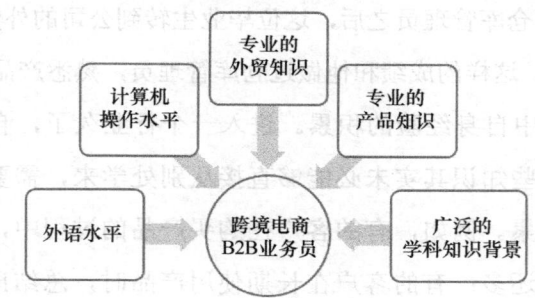

图 1-2　跨境电商 B2B 业务员所应具备的基本知识结构图

第二节　跨境电商 B2B 业务员的基本素养

思考：

1. 跨境电商 B2B 业务员所应具备的基本素养包含哪些方面？
2. 你认为跨境电商 B2B 业务员应如何提升自身素养？

所谓素养，是指通过训练和实践而获得的一种品德修养，包括道德品质、为人处世能力、形象气质等方面。所谓"马不伏历，不可以趋道；士不素养，不可以重国"。跨境电商 B2B 业务员应在一定知识储备的基础上，通过跨境电商业务的实践，不断提升自身素养，为日后职业生涯的发展奠定良好的基础。例如，小郭在第一次应聘工作时，还是一个完全没有外贸经验的毕业生，当被问及期望的薪金待遇时，她坦诚地说："我现在没有经验，对于薪水我没有要求，我更看重的是公司能否给我提升自我的机会。假以时日，如果我创造良好的业绩，公司应该会记得给我涨薪水。"得到这份工作后，小郭是公司最勤奋的人。她成交的第一个单子是凌晨十二点与一位美国客户签下的，本来合同可以放到第二天去做准备然后发给客户，但是她说："我一是不愿意让客户等待，二是预防发生任何的变化，所以先签下这个单子。"小郭的这种不怕吃苦，勤奋努力，而又方向明确的优秀素养，让她在接下来短短的半年时间里成交了六个单子。后来她迅速成长为公司的经理，经常带队出国参加各种展会。小郭是具有优秀素养的业务员典型代表。但是在现实中也有一些业务员或娇气，或浮躁，或眼高手低，最终这些缺点让他们的职业生涯发展不顺，甚至放弃了跨境电商这个行业。跨境电商 B2B 业务员究竟应该具备怎样的基本素养？可以简单归结为以下五个方面："自信""勤奋""良好的沟通能力"

"敏锐的觉察力""坚持"。

一、自信

自信是跨境电商 B2B 业务员素养的基石。这主要表现在，业务员对于自己的信心和对公司产品的信心。试想一下，连自己都不相信的产品，又如何让别人相信呢？业务员在和客户进行交流的过程中，自信与否将直接决定客户对公司和产品的信心。例如，业务员小李接到一个来自英国的振动平台询盘，交流过程中英国客户要求根据他的要求来设计一台专门用来测试玻璃坚固性的振动平台。虽然该工厂没有做过这类平台，但是小李没有轻易放弃，他相信公司工程师的产品设计能力，于是小李向客户列举了工程师丰富的工程经验。并且在征求工程师同意后，小李充满信心地向客户保证工程师会设计出令人信服的方案。特制方案设计出来后，客户十分满意。小李不失时机地给客户发送了多张公司生产的高质量振动平台的照片，客户最终对三台特制振动平台下了订单。对于公司和产品的信心帮助小李成功地拿到了这个订单。

二、勤奋

跨境电商 B2B 业务员不仅要勤于学习，还要勤于与客户进行沟通交流。勤奋对于业务员的重要性表现在方方面面，业务员要勤奋学习产品知识、勤奋学习业务技巧。例如，业务员小张刚刚进入某纺织品公司做业务员时，公司的工厂在郊区，海外事业部也在厂里。后来老板觉得厂里的办公环境和条件都比较简陋，将外贸部搬到了公司在市区新建的办公楼中。这样的好事，公司几乎所有的业务员都很乐意。但是小张就和老板表达了自己不想去市区办公的想法。他说:"如果搬到市区我就不能天天去车间看产品了,这样会失去很多学习的机会。不熟悉产品知识,会影响业务洽谈的。"事实证明,越勤奋就越幸运,小张迅速成长为业务精英。此外,跨境电商 B2B 业务员每天要和来自不同国家的客户进行交流,因此会有时差的问题。要做到及时和客户进行沟通,业务员必须要勤奋。虽然不必二十四小时在岗,但是至少要经常查看邮箱和手机聊天工具,以尽可能地做到第一时间对客户的诉求做出反应,做到"紧急的事件及时处理,不紧急事件上班后处理"。

三、良好的沟通能力

良好的沟通能力首先指的就是业务员使用外语和客户进行书面和口头沟通的能力。跨境电商中的客户沟通起初往往是以邮件的形式进行的,若遇客户来访则需要业务员较好的外语口语能力。例如,业务员小勤在大学毕业不到半年的时间里,就成功拿下了一个 40 万元的澳大利亚客户的订单。他的同事对此都惊诧不已,但是他们的外贸经理对此却一点都不感到奇怪,因为经理在指导小勤还盘时,发现小勤逻辑能力很强。他总能对客户的各种问题,进行有针对性的回答,而且还为客户讲得非常清楚。当客户下单前来工厂访问时,多次提到小勤的沟通能力很强,英语表达流畅、地道。当然,语言只是良好沟通的基础。跨境电商业务中有效的客户沟通能力还应该包括"知道在什么时候和客户交流什么样的话题内容"。这一方面涉及跨境询盘回复的阶段问题,例如,什么时候用什么方法和客户沟通选型问题、报价问题、讨价还价问题;询盘磋商阶段如何应对各种客户抛来的突发性问题;如何和客户建立较好的业务感情。例如,业务员小楠在和客户沟通的过程中不仅高效、专业,而且经常给客户发一些在公司参加培训学习的照片或者一些表达积极情绪的表情图，通过这些小小的沟通技巧，他成功地拿下了多个订单。

四、敏锐的觉察力

什么是敏锐的觉察力呢？与客户进行交流时，跨境电商 B2B 业务员应该对客户说的话或行为具有一定的敏感性，能够通过客户说话的内容和语气，甚至见面时的表情和动作判断出客户的想法、态度。优秀的业务员可以在与客户的聊天中通过客户对于报价反应速度的快慢及说话的语气，判断客户对于价格的敏感度和接受力；优秀的业务员能够分析出客户的言下之意，决定何时进、何时退、何时以退为进，这些均依靠业务员敏锐的觉察力。例如，泰国客户 Ken 来中国某企业参观工厂，由于他要的产品没有库存，难以决定是否下单。业务员感受到客户的为难情绪，立即拿出工厂生产该产品的大量图纸、照片、视频向客户进行专业的展示，最终说服客户，拿下订单。显然，业务员敏锐的觉察力是他得以成功的重要原因。

五、坚持

跨境电商 B2B 业务涉及金额数大，虽然也有短线成单的情况，但是订单的金额数越大，拉的战线就可能越长，因此做跨境电商业务需要坚持不懈的精神。坚持的意义在于知识需要实践的积累，经验需要阅历的积累，客户也需要一单一单地积累。在确认行业大方向正确的前提下，对于业务员而言，某些时候坚持就意味着胜利。例如，小原大学毕业后就职于一个起重机出口集团做业务员，整整一年时间，他经历了四五个单子的谈判，结果没有一个谈成。正当他灰心之际，一位来自非洲的客户在短短一个月的谈判后就果断地下了一个合同总额非常高的订单，坚持的意义由此可见。

第一章 跨境电商 B2B 业务员的基本知识和素养

图 1-3 给出了跨境电商 B2B 业务员所应具备的基本素养结构图。

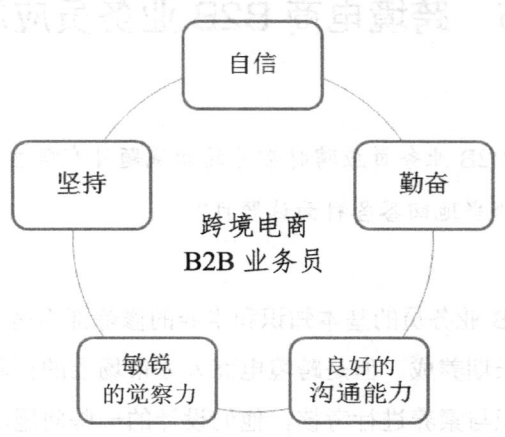

图 1-3 跨境电商 B2B 业务员所应具备的基本素养结构图

第三节　跨境电商 B2B 业务员应聘实操

思考：
1. 跨境电商 B2B 业务员应聘时常见的面试题目有哪些？
2. 如何才能恰当地回答各种面试题目？

跨境电商 B2B 业务员的基本知识和素养的修炼都不是一蹴而就的，需要在学习和工作中长期养成。但是跨境电商人才市场上的招聘企业通常会对应聘人员的基本知识与素养进行考核。他们设计的一些问题，大多是为了考察应聘者是否具备他们所期待的知识和素养。下面给出跨境电商 B2B 业务员应聘时经常会遇到的面试问题。

一、跨境电商 B2B 业务员应聘常见面试题目

（一）知识方面

招聘企业经常会给出的题目：

（1）你有计算机等级证书吗？几级？

（2）你的英语是什么水平？四六级通过了吗？你的英语口语水平如何？

（3）对于纺织行业/机械制造行业/化工行业（等）有没有实习的经验？

（4）在学校你最喜欢的学科是什么？为什么？

（二）素养方面

招聘企业经常会给出的题目：

（1）请介绍一下你自己。

（2）说说你最大的优缺点。

(3) 你认为你在学校属于好学生吗？为什么？
(4) 说说你的家庭情况。
(5) 说说你对行业、技术发展趋势的看法。
(6) 就你申请的这个职位，你认为你还欠缺什么？
(7) 你期望的工资是多少？
(8) 你能给公司带来什么？
(9) 你还有什么问题吗？

二、跨境电商 B2B 业务员应聘常见面试题目分析

招聘企业在设计面试题目时，一定希望通过这些题目找到他们所需要的能够达到其企业用人标准的人才。如果应聘者希望成功地得到一份工作，则应该揣摩用人单位题目背后的目的，了解招聘企业希望应聘者拥有怎样的知识和素养。确定此点，应聘者就能够有的放矢。跨境电商 B2B 业务员的工作有与一般工作相同的特点，也有其具体的、不同于其他工作的特点。下面就上述常见的面试题目进行有针对性的分析，以帮助更多的应聘者成功进入跨境电商企业。

（一）知识方面分析

一般来说，用人单位希望你的外语、计算机水平比较好，知识结构均衡，拥有扎实的外贸基础，如果再拥有一些行业经验就更好了。于是招聘企业设计的题目通常都是由此而展开的。应聘者在回答时，能够满足招聘企业的期望是最好的。但是在不能满足招聘企业的期望时，应聘者应该实事求是地回答。应聘者应当认识到，即使自己的知识水平不是对方所期待的，至少可以表现出有信心在未来的工作中快速提升和改善自己。

1. 你有计算机等级证书吗？几级？

如果你有计算机二级或二级以上的证书，可以很自信地说明自己的计算机水平。因为跨境电商 B2B 业务员的常用软件是 PS、Word、Excel 及一些视频剪辑软件，你可以特别向招聘者提及你的这些软件的操作水平，并说明你很清楚这一能力对这份工作的重要性。如果你没有相关证书，但拥有计算机实操能力，能力大于证书，说明真实情况即可。如果你计算机操作水平确实不好，要诚实回答并表明自己有短期提升这方面能力的决心。

2. 你的英语是什么水平？四六级通过了吗？你的英语口语水平如何？

如果你已经通过了四级或六级英语考试但口语不太好，建议向招聘者说明你已经通过了四级或六级考试，但是口语水平一般。如果招聘者希望测试你的英语口语水平，你可以表达"虽然我口语不太好，但我尽量用英语回答您的问题"。如果口语测试结果不太好，为了进一步争取被录取的机会，你可以向招聘者表达改善口语水平的决心。如果你的英语口语水平不错，应该抓住机会，勇于展现自己的英文口语水平。同时，为了增加被录取的机会，还可以在面试前，准备一些面试企业所处行业的常用英语表达，以尽可能在面试环节加分。

3. 对于纺织行业/机械制造行业/化工行业（等）有没有实习的经验？

这个面试题目设计的目的就是考察你对招聘企业所在的行业是否有所了解。如果你有相关从业经验，当然会比较好。但是如果你没有相关从业经验，不妨如实回答。你还可以谈及自己从新闻或者互联网渠道了解到的该行业的信息或者招聘企业的信息，适时地加上自己对于该行业发展的现状、趋势等问题的判断。这样一方面会展现你广博的知识面，另一方面也会反映出你活跃的思维和较强的判断力。建议应聘者在面试前最好先了解招聘企业的情况及其所在行业的发展状况，这样回答问题时就会做到有的放矢。

4. 在学校你最喜欢的学科是什么？为什么？

这个题目其实是考察应聘者的知识结构和兴趣点。跨境电商 B2B 业务本身会涉及比较复杂的知识，例如机械类企业会涉及制图、计算知识。因此机械制造行业招聘业务员时，如果应聘者有一些理科或者工科的背景，或者对数学等学科比较感兴趣，通常会更受用人单位欢迎。再如，纺织类企业招聘时会对有一些美术设计背景的应聘者更感兴趣。因此在跨境电商 B2B 业务员面试场合，你不要只谈国际贸易和英语，还可以谈及自己喜欢或擅长的学科。如果你非常希望获得某一份工作，至少对于这份工作所需要的特定知识要做到心中有数，使自己的回答趋近于招聘者的预期。

（二）素养方面分析

对跨境电商 B2B 业务员应具备的基本素质的具体要求也会因行业而异。机械制造行业对业务员逻辑能力的要求比较高，而服装行业、家具行业对业务员的审美品位要求比较高。应聘者在决定去一个企业应聘时，不仅要了解跨境电商 B2B 企业对业务员的一般素养要求，也要了解某行业和企业对应聘者的具体素养要求。

1. 请介绍一下你自己。

这是招聘企业常问的问题。一般的应聘者回答这个问题过于平常，只说姓名、年龄、爱好、工作经验。这些在简历上都有，其实，招聘企业最希望知道的是应聘者能否胜任工作，包括应聘者最强的技能、最深入研究的知识领域、个性中最积极的部分、做过的最成功的事、主要的成就等。要突出积极的个性和做事的能力，最好和跨境电商业务有些关系。

2. 说说你最大的优缺点。

这个问题被问到的概率很大。通常招聘企业不喜欢听到太直接的回答，如你说自己小心眼、爱忌妒人、懒、脾气大、工作效率低等。你应从自己的优点说起，中间加一些小缺点，最后再把问题转回到优点上，突出优点，克服缺点。当然优点最好和跨境电商 B2B 的业务要求相关，例如细心、逻辑思维能力强、友善、创新精神强等。任何事情都有两面性，有的应聘者觉得自己性格内向，这是做外贸业务工作的不利之处。但是，内向不一定代表沟通能力差。实践中有些业务员平时不苟言笑，但是在写邮件和客户沟通时，语言表达力很强。所以缺点有时不是绝对的，应聘者在回答这类问题时，可以对自己的某些缺点的表述进行灵活处理。

3. 你认为你在学校属于好学生吗？为什么？

这个题目可以试探出很多问题。招聘企业不希望只是简单听到"是"或者"不是"，他们希望听到的是高情商的回答。如果你学习成绩好，可以说："是的，我在学校各科成绩都名列前茅。当然，判断一个学生是否优秀不能只看学习成绩。我十分重视个人能力的全面发展。在校期间，我积极参加社团活动，锻炼自己的团队合作精神和领导能力。不仅如此，我还选修了一些自己感兴趣的课程，例如×××，以拓宽自己的知识面。"如果你学习成绩不理想，可以说："我认为一个好学生的标准是多元化的，我的学习成绩不算十分突出，但是一进大学就十分清楚自己未来的目标和定位。我利用寒暑假时间在几家外贸公司实习过，积累了不少跨境电商 B2B 业务知识，很多知识是不能用考试衡量的。在学校，我也是一个喜欢社团活动的积极分子，这些活动锻炼了我的团队合作精神和组织能力。"上面列举的回答方式会让招聘企业感受到应聘者的思想深度和宽度。这对于一个企业的发展来说，有时比知识水平更重要。

4. 说说你的家庭情况。

招聘企业面试时询问应聘者的家庭状况，往往不是非要知道应聘者家庭的情况，探究隐私，而是要了解家庭背景对应聘者的塑造和影响。招聘企业希望听到的重点也在于家庭对应聘者的积极影响。招聘企业可能喜欢听到的是："我很爱我的家庭，我的家庭一向很和睦，虽然我的父亲和母亲都是普通人，但是从小我就看到我父亲勤劳工作，他的行动无形中培养了我认真负责的态度和勤劳的精神。我母亲为人善良，对人热情，特别乐于助人，她的一言一行也一直在教导我做人的道理。"和睦的家庭关系对一个人的成长有潜移默化的影响。

5. 说说你对行业、技术发展趋势的看法。

招聘企业对这个问题很感兴趣，只有有备而来的求职者才能够过关。应聘者可以直接在网上查找对你所申请的行业部门的信息，只有深入了解才能产生独特的见解。招聘企业认为聪明的应聘者会对所面试的企业进行预先了解，包括企业的各个部门及发展情况。在回答问题时，应聘者可以提到所了解的情况。招聘企业欢迎进入企业的人是"知己"，而不是"盲人"。

6. 就你申请的这个职位，你认为你还欠缺什么？

招聘企业喜欢问应聘者弱点，但精明的应聘者一般不会直接回答。应聘者可以继续重复自己的优势，然后说："对于这个职位，我相信自己是可以胜任的，×××这个问题我想我可以进入公司以后以最短的时间来解决，我的学习能力很强，我相信可以很快融入公司的企业文化，进入工作状态。"招聘企业喜欢能够巧妙地躲过难题的应聘者。

7. 你期望的工资是多少？

跨境电商 B2B 企业的工资是很灵活的，何种能力拿何种工资。招聘企业通常喜欢直率的人，但这个问题却不能正面回答。对于刚刚毕业的应聘者，招聘企业可能希望听到："作为一个刚毕业的学生，我是要以学习为主的，我目前看中的是自己是否能够在公司快速成长。所以目前我对薪金没有特别要求。"如果是有工作经验的应聘者，可以说："我目前对公司的基本待遇有所听闻，这是我可以接受的，我也希望公司能在以后依据我的能力给到我合适的薪金，这个问题可以到时候再讨论。"招聘企业大多希望应聘者给其定薪的自由度，而不是定准一个价码。

8. 你能给公司带来什么？

招聘企业很想知道未来的员工能为企业做什么，应聘者应再次重复自己的优势，然后说："就我的能力，我可以做一名优秀的员工，在组织中发挥能力，给组织带来更高效率和更多的收益。"招聘企业可能喜欢应聘者就申请的职位表明自己的能力，对跨境电商业务类的工作，你可以说："我可以开发大量的新客户，同时，对老客户做更全面周到的服务，开发老客户的新需求和消费。"

9. 你还有什么问题吗？

这个问题看上去可有可无，其实很关键。招聘企业可能不喜欢说"没有问题"的人，因为其很注重员工的个性和创新能力。招聘企业可能不喜欢应聘者问个人福利之类的问题，如果应聘者问："贵公司对新入公司的员工有没有什么培训项目，我可以参加吗？"或者"贵公司的晋升机制是什么样的？"那么应聘者将很受欢迎，因为体现出了其对学习的热情和对公司的忠诚度及上进心。

本章小结

本章为本书所有章节的基础。跨境电商 B2B 业务的开展以业务员的基本

第一章　跨境电商 B2B 业务员的基本知识和素养

知识和素养为前提条件，跨境电商 B2B 业务员应该具有良好的外语水平、优秀的计算机操作水平、专业的外贸知识、专业的产品知识和广泛的学科背景知识。除此之外，自信、勤奋、良好的沟通能力、敏锐的觉察力和坚持也是跨境电商 B2B 业务员应该具备的基本素养。最后，本章结合业务员应该具备的基本知识和素养，设计了对应的应聘常见面试题目及其对应的分析，一个通往跨境电商 B2B 业务的大门就此打开。下一章，本书将聚焦跨境电商 B2B 询盘的载体——询盘系统，对跨境电商 B2B 业务员每天的工作一探究竟。

第二章

跨境电商 B2B 询盘系统

具备基本知识和素养只是成为一名优秀跨境电商 B2B 业务员的基础。如何通过各种途径和客户进行有效的沟通，进而更多地获取订单，是跨境电商 B2B 业务员工作的主要内容。在跨境电商 B2B 业务中，与客户进行沟通的载体是外贸询盘。在对外贸易中，所谓询盘（也叫询价），是买方或卖方对于所要购买或出售的商品向另一方做出的询问。外贸磋商往往要经过"询盘、发盘、还盘、接受"这些环节以最终达成交易。业务员如何在跨境电商 B2B 平台上收发询盘是本章要探讨的主要内容。

在分工明确的跨境电商 B2B 企业中，询盘通常是经运营人员前期工作获得的，而具体的询盘沟通由业务员负责。一名合格的业务员，不仅要知道如何查收、回复这些询盘，而且要了解平台询盘收发的规则，判断询盘卖家的竞争力，进而确定还盘原则。世界上的跨境电商 B2B 平台有很多，在中国，阿里巴巴国际站、中国制造网和环球资源网等网站的知名度较高，而在国外有 TradeIndia、Tradekey 等，不同 B2B 平台的询盘系统的设计方式不同，但是也有很多相似之处。本章首先对世界主流的跨境电商 B2B 询盘系统的共性和个性进行概述，并归纳出一般询盘系统的特点，然后以阿里巴巴国际站的询盘系统为例，讲述其相关板块的功能和操作要领。由于阿里巴巴国际站的询盘系统设计完善、功能完备，在全球跨境电商 B2B 平台中处于领先水平，因此掌握了阿里巴巴国际站的询盘系统，再操作其他平台的询盘系统就相对简单了。

第一节　主流跨境电商 B2B 询盘系统综述

思考：
1. 跨境电商 B2B 询盘系统的定义是什么？
2. 世界主流跨境电商 B2B 询盘系统的基本特点有哪些？

跨境电商 B2B 询盘系统是指在跨境电商 B2B 平台上买家向卖家（或卖家向买家）发起询盘，卖家（或买家）获取、查看、回复询盘的通道。它由跨境电商 B2B 平台上的一系列子系统组成，例如询盘箱、外贸邮箱、即时聊天子系统等。对询盘系统的娴熟操作是跨境电商 B2B 业务员应该具备的基本技能。不仅如此，跨境电商 B2B 业务员应做到熟悉每个询盘系统的特点，从而增强询盘处理的能力。虽然全球跨境电商 B2B 平台数目众多，但是其询盘系统的设计有很多共同之处，即使有所区别，模式也无非几种。这里以中国用户量排名前三位的跨境电商 B2B 平台——阿里巴巴国际站、环球资源网、中国制造网为例进行分析，挖掘其共性和区别，以便业务员能够快速掌握其操作要领。

一、共性

（一）外贸邮箱

一般的跨境电商 B2B 平台都设有专门为广大中小外贸企业量身打造的外贸邮箱。卖家使用外贸邮箱，有利于树立专业的形象，而且比较安全。在外贸邮箱中，通过主邮箱可以管理下属多个子邮箱。

（二）询盘箱

询盘箱是跨境电商 B2B 平台上卖家查收买家询盘的地方。每个跨境电商 B2B 平台必有询盘箱，通常在询盘箱中可以查看买家具体针对哪一款产品发起询盘和买家的基本信息（名字、公司名称、电话、联系邮箱等）。

（三）公共询盘板块

一般的跨境电商 B2B 平台都设有公共询盘板块，像阿里巴巴国际站的 RFQ（Request For Quotation，报价请求）板块，中国制造网的公共询盘板块，在这个板块里卖家可以通过关键词去寻找有意购买自己所售卖商品的买家。这个板块中有免费的询盘，也有收费的询盘。公共询盘的数量一般较多，询盘质量参差不齐，卖家需要自己去判断询盘质量，竞争报价。

（四）客户信息区域

一般的跨境电商 B2B 平台都设有客户信息区域，这个区域集合了平台所接收到的所有询盘的客户信息，包括名字、公司名称、电话、联系邮箱等。

二、区别

（一）是否有询盘群发功能

在跨境电商 B2B 平台上，买家搜索感兴趣产品的关键词，可以搜索到许多卖家发布的产品信息，然后在信息界面发起询盘。有的平台支持将一个询盘群发给多个卖家，如阿里巴巴国际站，一个询盘可以同时发送给 20 个卖家。这种模式对于买家有利，对于卖家则导致竞争比较激烈。有的平台提供的询盘发送模式是一对一发送模式，如中国制造网。这样对于卖家而言，买家的质量比较高，易于成单。但是由于全球市场已经由卖家市场转变为买家市场，因此询盘群发是平台发展的趋势。

（二）是否有即时聊天工具

即时聊天工具有利于跨境电商 B2B 平台上买家和卖家的高效、快速沟通，有的平台有自己的即时聊天工具，如阿里巴巴国际站的 TradeManager。有的平台没有即时聊天工具，询盘以邮箱沟通为主，但是买家和卖家可以通过 WhatsApp 或 Skype 等聊天工具进行沟通。

（三）是否有实时营销、访客详情等附加功能

有的平台除了以上所提到的一些功能，还有一些如实时营销、访客详情、名片等特殊的附加功能，以给卖家更多了解买家的机会，这是跨境电商 B2B 询盘系统功能的创新。阿里巴巴国际站的创新能力就比较强，附加功能较多，而其他平台也在进行各自不同形式的创新，以增强平台的吸引力。

第二节　阿里巴巴国际站询盘系统

思考：

1. 阿里巴巴国际站询盘系统的组成。
2. 阿里巴巴国际站询盘系统的操作。

在阿里巴巴国际站上，卖家与买家进行交流的询盘系统由七个子系统组成：询盘、邮箱、RFQ、客户、实时营销、访客详情、TradeManager，如图 2-1 所示。通过这七个子系统，阿里巴巴国际站的卖家可以获取买家的询盘或与买家取得联系，进行沟通。这七个子系统里面，前三个是最重要的，也就是询盘、邮箱和 RFQ。在询盘系统和邮箱系统中，买家主动通过 B2B 平台找到卖家并发起询盘。对于卖家而言，这是一种被动接受询盘的方式。而在 RFQ 中，买家在阿里巴巴国际站上发起公共询盘，卖家需要通过 RFQ 的搜索才能找到有针对性的询盘。故对卖家而言，这是一种主动获取询盘的方式。

| 询盘 | 邮箱 | RFQ | 客户 |

| 实时营销 | 访客详情 | TradeManager |

图 2-1　卖家与买家进行交流的询盘系统

阿里巴巴国际站询盘系统的查询，是业务员每天必不可少的工作。下面通过对阿里巴巴国际站询盘系统的介绍让读者熟悉跨境电商 B2B 询盘系统。阿里巴巴国际站的询盘系统是全球跨境电商 B2B 询盘系统中功能非常齐全的一个询盘系统，掌握了阿里巴巴国际站的询盘系统，其他平台的询盘系统也就容易掌握了。下面一一讲解阿里巴巴国际站的询盘系统中的七个子系统的操作流程。阿里巴巴国际站后台可以通过 www.alibaba.com 网址登录，也可以经由阿里卖家 App 登录。这里以通过阿里巴巴国际站网站进入后台的路径为主进行讲解。

一、询盘

登录阿里巴巴国际站，进入 My Alibaba 后台管理系统，如图 2-2 所示。可以看到，在"商机沟通"选项卡中有"询盘"选项。此外，在左侧的"快捷入口"区域也可以看到"询盘"选项。单击"询盘"选项，打开询盘箱界面，在界面中可以看到许多的询盘，如图 2-3 所示。询盘按照就近排序的原则，由上而下地排列。可以看到每个询盘的名称、发送询盘的客户的名称、客户来自的国家、负责这个询盘的业务员的名称及客户和业务员的洽谈状态。打开最新的未读询盘，可以查看客户发来的具体询盘，并进行分析和回复。

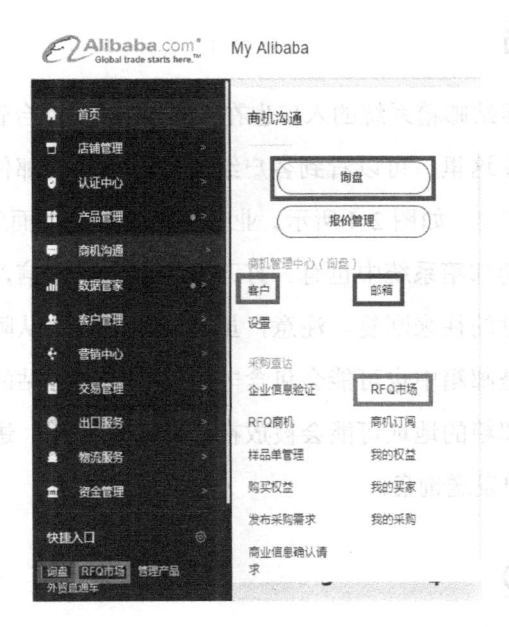

图 2-2 阿里巴巴国际站 My Alibaba 后台管理系统

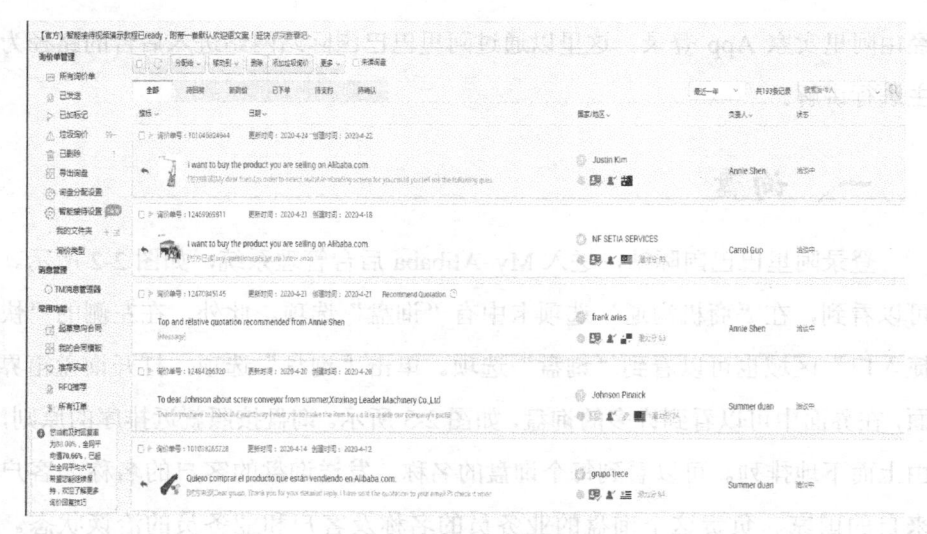

图 2-3　询盘箱界面

二、邮箱

阿里巴巴国际站邮箱系统的入口也在 My Alibaba 后台管理系统"商机沟通"选项卡中。在这里，可以看到客户给业务员发送的邮件及阿里巴巴国际站上的一些推送信息，如图 2-4 所示。业务员在询盘箱界面所收到的询盘，在阿里巴巴国际站的邮箱系统中也有。打开一位客户的来信，就可以在这个界面与客户进行询盘的往来回复。注意，虽然邮箱中包含从阿里巴巴国际站接收到的询盘，但是邮箱中也可能会包含非阿里巴巴国际站的询盘。因为企业在对外宣传时，邮箱的地址可能会被放在不同的媒介上，进而吸引阿里巴巴国际站之外的客户发送询盘。

三、RFQ

有的客户在寻找卖家时，为了避免一一向卖家发送询盘，可以在阿里巴巴国际站的 RFQ 入口发布公共的询盘信息，即"One Request，Multi Replies"。

第二章 跨境电商 B2B 询盘系统

卖家可以在阿里巴巴国际站 My Alibaba 后台管理系统"商机沟通"选项卡中看到"RFQ 市场"选项。单击"RFQ 市场"选项，进入采购直达界面。在这个界面中，卖家可以看到许多的公共询盘。卖家可以通过输入其感兴趣的关键词来寻找适合自己的询盘。例如，卖家卖的是太阳镜（sunglass），就在搜索栏中输入 sunglass，这样就会出来很多关于 sunglass 的公共询盘，如图 2-5 所示。卖家再对这些询盘进行一一筛选，根据询盘自身的内容、询盘发出的时间、所属类目、所来自的国家、客户采购量等标准筛选出较为适合的询盘进行报价。

图 2-4　邮箱界面

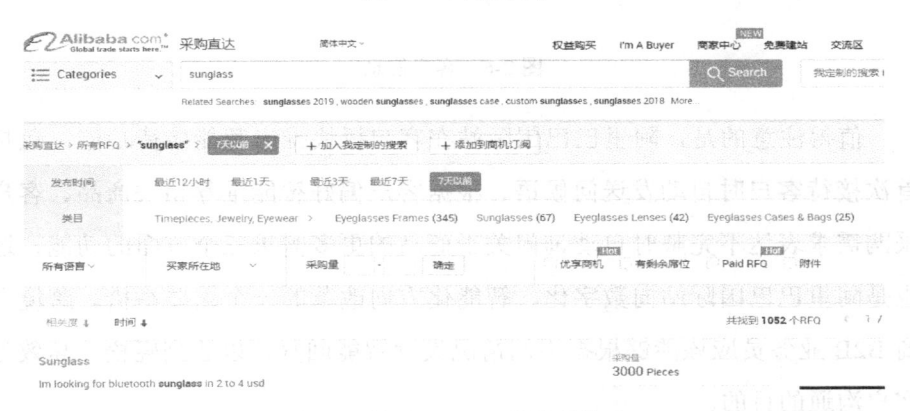

图 2-5　关于 sunglass 的公共询盘

四、客户

在 My Alibaba 后台管理系统"商机沟通"选项卡中单击"客户"选项，可以看到很多的客户信息出现，有客户名字、客户邮箱、客户来自的国家、客户的等级和负责这位客户的业务员的名字等，如图 2-6 所示。单击"Chat Now！"按钮可以通过 TradeManager 聊天工具和这位客户直接进行联系，获取询盘或者其他的信息。

图 2-6　客户信息

值得注意的是，阿里巴巴国际站在客户板块推出智能接待功能，包括首次接待客户时自动发送问候语、根据客户偏好智能推荐相关商品、客户采购需求表达不完整时自动询问关于商品的更多需求三个方面的功能，这也是阿里巴巴国际站向数字化、智能化方向改革的一个重要举措。跨境电商 B2B 业务员应该能够根据不同情况设置智能回复，以达到轻松、高效与客户沟通的目的。

五、实时营销

在阿里巴巴国际站的右下角，不时地会弹出一个标明为实时营销的窗口。单击该窗口，就可以进入实时营销界面。实时营销是阿里巴巴国际站推出的一项为卖家自动推荐客户的服务。阿里巴巴国际站根据卖家定制或者经常搜索的关键词自动推送相关行业的在线客户给卖家。当系统提示实时营销时，证明这位客户正在用卖家行业的相关关键词查看产品，且这位客户目前在线。此时业务员可以主动在实时营销窗口中给客户发送公司的相关信息。客户看到业务员的信息后，可能会发送询盘。

六、访客详情

在 My Alibaba 后台管理系统中找到"数据管家"选项卡，其中的"买家"区域下设有"访客画像"和"访客详情"两个选项，如图 2-7 所示。"访客画像"选项是阿里巴巴国际站开放的一个新栏目功能，用于衡量蓝标和普通客户、新老客户、成交和非成交客户的访问量，进而帮助业务员判断网站客户质量和转化率的情况。对于业务员而言，访客详情界面是可以获取客户信息和直接与客户沟通的另一条有效途径，如图 2-8 所示。在访客详情界面中可以看到最近访问公司网站的客户及其信息、客户对公司产品的浏览量、在网站上的停留时长、常用的搜索词、旺铺行为、网站行为等。最重要的是，在操作这一列，如果看到一个蓝色的选项"立即营销"，单击该选项就可以进入立即营销界面。在这个界面中，业务员可以给这位客户发信息。如果客户回应了，就可能给业务员发送询盘。

跨境电商 B2B 询盘业务宝典

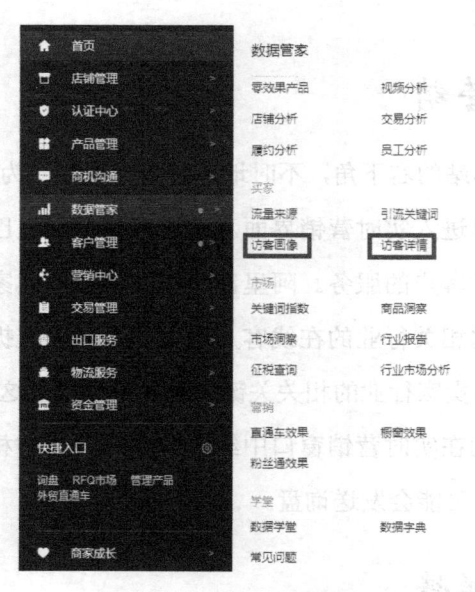

图 2-7 访客画像和访客详情

图 2-8 访客详情界面

七、TradeManager

打开阿里巴巴国际站卖家工作台（Alisupplier），单击界面右上角的蓝色

第二章 跨境电商 B2B 询盘系统

图标，如图 2-9 所示，就可以进入 TradeManager 界面，如图 2-10 所示。在这个界面中，客户和业务员可以进行直接的沟通。TradeManager 是一种即时聊天工具，简称 TM。在 TradeManager 中，客户可以直接发送需求信息，业务员如果能快速并专业地反应，会增加获取订单的机会。虽然在 TradeManager 上交流非常方便有效，但是要使用 TradeManager 必须先注册阿里卖家，因此很多国家的客户更倾向于用 WhatsApp 或 Skype 与业务员进行沟通。作为业务员，要尽可能早地拿到客户的即时聊天工具的联系方式，以便更高效地和客户沟通。

图 2-9　阿里巴巴国际站卖家工作台

图 2-10　TradeManager 界面

35

第三节 阿里巴巴国际站询盘系统实操

思考：
1. 在阿里巴巴国际站上通向询盘箱的路径有几条？请用路径表示出来。
2. 在阿里巴巴国际站上通向 RFQ 的路径有几条？请用路径表示出来。

阿里巴巴国际站询盘系统中的七个子系统功能强大，能够驾轻就熟地掌握询盘系统的各个子系统是阿里巴巴国际站业务员必备的工作能力。这里以思维导图（如图 2-11 所示）的形式总结出在 My Alibaba 后台管理系统和阿里卖家 App 上分别通向询盘、邮箱、RFQ、客户、实时营销、访客详情、TradeManager 的路径。请读者通过阿里巴巴国际站根据思维导图的指引进行实操练习，以便熟能生巧。

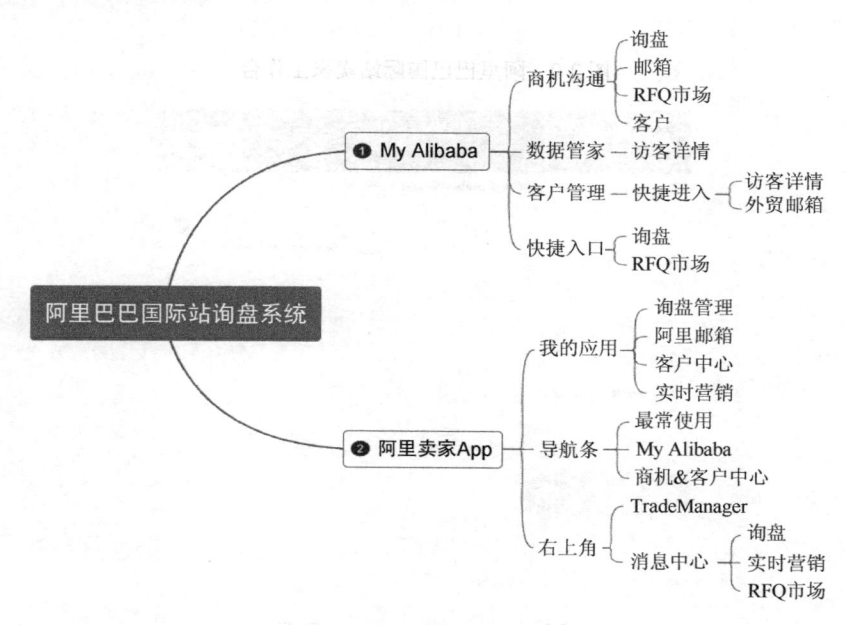

图 2-11 思维导图

第二章 跨境电商 B2B 询盘系统

本章小结

　　本章首先界定了跨境电商 B2B 询盘系统的定义，以及世界主流跨境电商 B2B 询盘系统的基本特点，并概括了这些平台的共性和区别。然后以阿里巴巴国际站为例，讲述了阿里巴巴国际站询盘系统的七个子系统，使读者了解到阿里巴巴国际站询盘子系统各自的功能和作用。最后归纳了阿里巴巴国际站询盘系统七个子系统的实操路径。本章为业务员高效地进行跨境电商 B2B 平台业务工作奠定了基础。业务员能够娴熟地操作跨境电商 B2B 询盘系统只是其工作开始的第一步，如何进行询盘的分析及回复才是其工作的重要内容。第三章将聚焦询盘的回复和跟踪，让外贸新手面对客户的询盘不再手足无措，而能勇往直前，所向披靡。

本章小结

第三章

跨境电商 B2B 询盘业务处理

跨境电商 B2B 询盘业务宝典

  跨境电商 B2B 询盘系统的功能是为买卖双方提供交流的空间。在这个系统中，业务员可以和客户进行邮件的往来，以及在即时聊天工具上进行交流。这个过程也就是跨境电商 B2B 外贸磋商的过程。跨境电商 B2B 外贸磋商通常包括"询盘、发盘、还盘和接受"四个过程。询盘，一般是指买家向卖家询问某种产品的交易条款及价格。发盘，则是指卖家向买家列明某种产品的交易条款及价格。还盘，是指买卖双方对交易标的交易条款或价格进行"讨价还价"。接受，是指买卖双方接受价格和交易条款并进行确认，最终签订合同。但是在外贸磋商开展之前，为了联系潜在的客户，很多卖家的业务员还需要撰写客户开发信以挖掘客户。

  本章首先探讨跨境电商 B2B 客户开发信的撰写，然后突破一般性的"询盘、发盘、还盘、接受"四阶段函电讲授法，以更贴近外贸磋商实际情况的方式，讲解业务员应该如何处理跨境电商 B2B 询盘业务，即先进行跨境电商 B2B 询盘的类型分析，然后探讨如何对客户的询盘进行首回复，再探讨如何对没有回复的客户进行跟踪，同时对有回复的客户进行引导沟通，最后进行其他贸易条款磋商、成交、付款与交货，以及售后服务。跨境电商 B2B 询盘业务处理的流程图如图 3-1 所示。

第三章 跨境电商 B2B 询盘业务处理

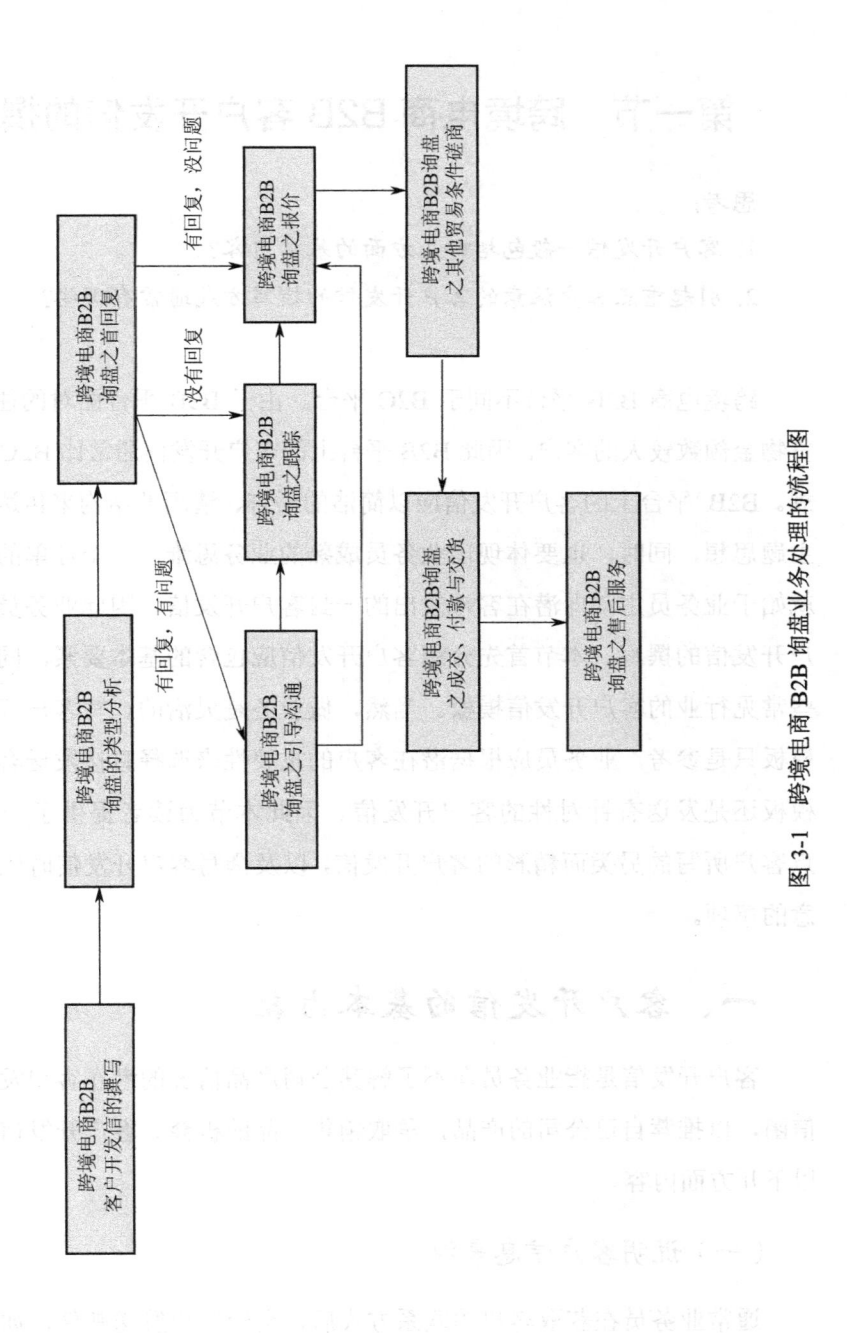

图 3-1 跨境电商 B2B 询盘业务处理的流程图

第一节　跨境电商 B2B 客户开发信的撰写

思考：
1. 客户开发信一般包括哪几方面的基本内容？
2. 引起重点客户注意的客户开发信的撰写方式通常有哪些？

跨境电商 B2B 平台不同于 B2C 平台。由于 B2B 平台面对的往往是订购货物金额数较大的客户，因此 B2B 平台上的客户开发信通常比 B2C 平台更正规。B2B 平台上的客户开发信应以简洁的语言、清晰的结构来传达业务员的主题思想，同时，也要体现出业务员成熟的业务思维。一个订单的成功可能就始于业务员主动向潜在客户发出的一封客户开发信，因此业务员应重视客户开发信的撰写。本节首先介绍客户开发信应包含的基本要素，同时介绍一些常见行业的客户开发信模板。当然，做业务是灵活的，写客户开发信时，模板只是参考，业务员应根据潜在客户的重要性来选择直接发送客户开发信模板还是发送有针对性的客户开发信。因此本节为读者提供了一些针对重点客户所写的另类而精彩的客户开发信，以及撰写客户开发信时应该特别注意的事项。

一、客户开发信的基本内容

客户开发信是指业务员向不了解其公司产品情况的潜在客户发送的商务信函，以推荐自己公司的产品，争取销售产品的机会。客户开发信一般包括以下几方面内容。

（一）说明客户信息来源

通常业务员在获取客户的联系方式后，会给客户发送邮件，如果不说明客户信息来源而直接介绍产品,未免会让客户有唐突之感。所以业务员在写客户开发信时,最好写明是通过什么途径得到客户联系方式的,例如,是通过驻外使馆商务参赞处、商会、商务办事处、银行、第三方公司介绍等方式获得的,或者是在公司名录、各种传媒广告、网络上寻得的,也可以是在交易会、展览会上结识的,甚至可以是在进行市场调查时获悉的。可以用如下表述来说明客户信息来源:

(1) We learned from the Commercial Counselor's Office of our Embassy in your country that you are interested in Chinese handicraft.

(2) Mr. Bowins, Head of Arcolite Electric AG has recommended you to us as a leading importer in Korea of lightweight batteries for vehicles.

(3) We have obtained your name and address from the Internet.

(4) Our market survey showed that you are the largest importer of cases and bags in Egypt.

(5) I am pleased that I have met you in Guangdong Trade Fair last month. This is why today I am able to write to you for introduction of our products.

(二)说明去函目的

一般来说,业务员给客户写邮件,总以开发业务、建立市场、建立合作、拓宽产品销路为目的。外国人尤其是欧美的商人通常比较喜欢直接一些的表达,所以在写客户开发信时,不妨开宗明义,直接表达去函的目的。可以用如下表述来说明去函目的:

(1) In order to expand our products into South America, we are writing to you to seek cooperate possibilities.

(2) We are writing to you to establish long-term trade relations with you.

(3) We wish to express our desire to enter into business relationship with you.

（4）We are writing to seek more opportunities to cooperate with you for the expanding of American market for our new model robot toys.

（5）We are writing with the hope to join hand with your company for the sales of Chinese high quality electronic products.

（三）本公司情况概述

客户开发信中的公司介绍通常应该包括对公司性质、业务范围、宗旨、历史等基本情况的介绍，以及对公司优势的介绍，例如，经验丰富、供货渠道稳定、有广泛的销售网络等。可以用如下表述来说明本公司情况：

（1）We are a leading company with many years' experience in machinery export business. Modern processing facilities and well-trained staff ensure the good quality of the products for each order.

（2）We enjoy a good reputation internationally in the field of textile and has passed ISO and CE certification which symbolizes that our products are made to international standards.

（3）We have our principle as "Clients' needs come first". No matter in custom design or after-sales service, You can always get the first time response from our staff.

（4）A credible sales network has been set up and we have our regular clients from over 100 countries and regions worldwide. Goods Delivery within 10 days has been realized in most European countries and Asia.

（5）Located in Shenzhen, we have taken initiative in setting up our solidified production basis in coasted and inland areas and also has begun expanding oversea market by establishing sales branch company in America last year.

（四）产品介绍

产品介绍是客户开发信中最重要的环节。如果已经知道客户的明确需求，如需要某款服装，那么业务员就应该选取某款服装进行具体的推荐性介绍。例如，针对客户面对的市场情况、公司售卖产品的具体品位追求，结合自己公司的产品和客户可能的需求，进行有针对性的介绍。如果只拿到了客户的名片，不太清楚客户的需求，那么就将公司经营产品的整体情况，如质量标准、价格水平、打样速度、交货速度等进行介绍，尤其要突出公司的特色和亮点。例如，业务员得知客户比较重视产品质量，为了更好地展示产品质量，不妨附上相关产品的照片、过往工程案例、产品视频等。对于小件产品来说，寄样品供客户选择也是经常采取的做法。可以用如下表述来进行产品介绍：

（1）Art. No. 118 is our newly-launched one with super quality, fashionable design and competitive price.

（2）We have a good variety of colors and sizes to meet with the needs of different markets.

（3）Our products are enjoying popularity in not only Asian markets but also American Markets.

（4）To give you a general idea of our products, we are enclosing our catalogue for your reference.

（5）A free sample will be dispatched to you tomorrow so that you can have a close inspect on our product quality.

（6）Some photos of the project we have set up in Australia similar to your request are sent to you as an attachment.

（五）激励性结尾

在客户开发信的结尾会写上一两句希望对方给予回复或者希望对方立刻采取行动的语句，也可以写上一两句对未来合作的展望。常用的表述方式如下：

（1）Your comments on our products or any information on your market demand will be highly appreciated.

（2）We are looking forward to your specific inquiries.

（3）For any question please be free to contact me. We are expecting to start cooperation with your company in the near future.

（4）The cooperation between us will be carried out with the "win-win" principle benefiting both sides.

（六）精心准备的附件

客户开发信中的附件通常可以是公司的介绍文档（包括公司历史、厂风厂貌、公司文化、公司重大项目和证书展示等）、产品目录、工程照片等。为了在开始就能与客户拉近距离，在展会上与客户拍的合照也可以随信发送。

二、客户开发信模板

根据前面给出的客户开发信的几方面的内容，不同行业的业务员可以根据自己公司的情况，撰写自己公司的客户开发信模板。准备模板的意义是节省时间，但是在给客户发送开发信时，如果要增加被回复的概率，内容不能总是一成不变的。业务员可以通过客户身份、客户所在公司背景、市场等情况，改变模板的内容。下面给出几个重点行业的客户开发信模板，供读者参考。

第三章　跨境电商 B2B 询盘业务处理

（一）纺织服装行业

纺织服装行业的业务员，在撰写客户开发信时应该注意以下几个方面。

（1）公司能否免费发样品以展示产品的质量。

（2）公司是否有产品设计能力，是否能依据客户提供的设计进行生产（OEM）。

（3）对于有产品设计能力的公司，可以着重展示公司在业界获得的相关奖项。对于接受设计而进行生产的公司，则可以展示其在业界比较有分量的合作伙伴。以上展示均以不泄露商业机密为前提。

（4）公司的产品加工能力往往也是客户很看重的，如果有相关国际认证，也可提及。

纺织服装行业的客户开发信模板如下。

Hello ×××,

How are you?

This is ××× from ××× Co., Ltd and we have met in Shanghai garment exhibition last week as the attached picture we have taken together:-)

Thank you for the interests you have shown to our garment exhibiting stand. Please allow me to take this opportunity to make further introduction about our company. Our company mainly focus on all kinds of women fur and down jackets for retail and wholesale, we have been in the industry for 30 years. The styles of our design are popular with the shop retailer and wholesaler all over the world. We can assure you of good quality with competitive price.

What is more, we have the factory and can make bulk production on your design of garment and we have the professional sample makers making customized production for you. We will be pleased if you can send us your design to start it or choose our stock goods on the web. I would like to introduce the styles we are hot selling to you. Please check the attached pictures.

For more information, please check our web below www.×××.com then tell me the model you are interested in, then I will give you the best offer.

We will appreciated your early reply.

Best regards,

×××

（二）机械制造行业

机械制造行业的业务员，在撰写客户开发信时应该注意以下几个问题。

（1）公司的建立时间、规模、技术能力。机械制造行业的客户往往很看重卖家的实力，因为机械产品的质量决定机械产品的耐用性，产品的安装、调试和其他售后服务也是机械制造行业客户关心的重点，故业务员在客户开发信中应对这些方面加以关注。

（2）对于机械制造行业的客户普遍认可的证书，如 ISO 认证和 CE 认证，公司如果有，就可以展示给客户，尤其是 CE 认证（欧美客户很看重这个证书），拥有这个证书意味着产品通过了欧盟的产品安全认证。

（3）机械制造行业尤其是大型项目的客户非常在意卖家是否有足够的项目工程经验，因此向客户展示公司完成的大型工程项目，这也是一个亮点。

机械制造行业的客户开发信模板如下。

Dear ×××,

Good day to you.

This is Tansy from Shandong ××× Machinery Co., Ltd.(China). Informed by our friend Tony Wang you are seeking for premium suppliers for grinders and crushers, I would like to take this opportunity to introduce ourselves so that we could have a possible cooperative opportunity.

Established in 2001, We are a leading manufacturer of grinder and crusher with CE and ISO certificates, located in Zaozhuang, Shandong province. Our emphasis on quality, technology and after-sales service is the reason for our fast growing sales. So far we have cooperated with some big names in the world like ×××.

As to the products you need, we have different models, attached you will find our product catalogue. For any type you are interested in, I would communicate with you in details to help you choose suitable model.

Looking forward to hearing from you soon.

Best regards,

×××

（三）化工行业

化工行业的业务员，在撰写客户开发信时应该注意以下几个问题。

（1）化工行业的客户往往更加重视卖家的技术水平，而对技术水平要求不高的客户往往重视价格。因此业务员应该能够根据产品特点有选择地展示公司的实力。

（2）由于产品取样相对简单，化工行业的业务员最好在客户开发信中告知客户是否可以免费邮寄样品。

（3）对于化工行业的客户普遍认可的证书，如 ISO 认证和 IECQ-QC 080000（有害物质过程管理体系）认证等，公司如果有，就可以展示给客户。

（4）对合作过的大客户的展示也是一个说明公司实力的方法。

化工行业的客户开发信模板如下。

Dear Mr.×××,

Hope you have a nice day. This is Cathy from ××× Co., LTD.

Glad to know you are in the market of chemicals. We are a supplier of chemical products. So I write to see if we can make business relationships.

We specialize in this field for several years, with the strength of the advanced technology and first-class quality and pretty competitive price.

Attached please find the catalogue for latest innovated products catalogue and company introduction. You will be impressed with our company's R&D ability. Please visit our website www.×××.com for detailed information in terms of all the models we have.

Should any of the products attract your attention? Please don't hesitate to contact us. Free samples will be sent for your evaluation.

Best regards,

×××

三、重点客户开发信模板

应用客户开发信模板的好处是提高发送客户开发信的效率。但是对于重点客户，可以尝试着变换客户开发信的写法，尝试新颖、专业或更加有针对性的撰写方式。下面给出几个例子，并加以分析。

（一）以引起客户的好奇心取胜

邮件主题：An idea tripling your sales

邮件正文：

Hello Sales Manager,

We have an idea that I can explain in 10 minutes which can get your company next 100 best customers. This idea is used to help our client almost triple their monthly run rate. Let's schedule a quick 10 minutes call so I can share the idea with you. When works best for you?

Best regards,

Sophie

曾有业务员用这封客户开发信获得了57%的打开率和21%的回复率，收获16位新客户。这封客户开发信的获胜之处在于它成功地引起了客户的好奇心。

具体分析：

Hello Sales Manager,（分析：如果知道客户的名字，那么直接写名字，这样会拉近和客户的距离。）

We have an idea that I can explain in 10 minutes which can get your company next 100 best customers.（不知道你是否能容许我用10分钟表达下想法。这个想法可能会让贵公司获得 100 位优质客户。分析：业务员是站在客户的角度，引起客户想要和他交流的欲望。简而言之，就是抛出诱饵。）This idea is used to help our client almost triple their monthly run rate.（最近我曾用这个想法帮助客户将他们的月点击数提高了近三倍。分析：这句话继续抛出噱头，指出这个想法之前带来的绝佳效果。）Let's schedule a quick 10 minute call so I can share the idea with you. When works best for you?（你能否腾出10分钟时间，我和你分享下这个想法。你什么时候方便呢？分析：如果业务员英语口语能力够强，争取直接电话沟通。）

Best regards,

Sophie

（二）以爆款吸引客户的注意力

邮件主题：Fidget Spinner-Best Seller of Toys in 2018

邮件正文：

Hi Mike,

It's Sophie from PAE China. Hope this letter find you well.

Christmas season is approaching, I don't know if you have seen the fidget spinner already. It is the latest craze. Our factory is producing this in overtime. MOQ is small, but many clients are ordering by containers.

51

Kindly keep us informed about your thoughts. More detailed offer will be updated accordingly.

Sophie

具体分析：

以上是针对季节性热销爆款产品的客户开发信。业务员抛出了两个噱头，一是供应商在没日没夜地生产，证明这种产品需求量特别大。二是起订量不高，客户可以一个一个地订购，但是客户还是成箱地订购，突出产品广受追捧。这样的客户开发信的确比中规中矩的客户开发信更吸引人的眼球。

（三）以高性价比吸引客户的注意力

邮件主题：Much Lower Cost for High Quality

邮件正文：

Dear Mike,

Good morning!

I am very glad to know you from your professional website that you are the leading company in Japan for machine vision system. I also notice that you pay much attention to lower your cost for quality machine vision system. That is where I can be of help.

May I introduce myself to you? I am Sophie, from PAE China. We have been in machine vision system industry for more than 20 years. I am confident that we are capable to meet your quality standard, while cutting your cost by at least 10%. Please be sure, we are also very capable to custom produce with your drawings.

To enable you to evaluate our quality, may I invite you to visit our factory?

Best regards,

Sophie

具体分析：

该业务员在分析了客户有寻求低价产品的实际需求后，以产品的低价作为突破点，吸引客户的注意力。因为前期做了调查，所以业务员在客户开发信中将具体能给客户节省多少成本都写了出来，如果降低成本是客户的当务之急，此信便能直击客户要害，取得较好的效果。

（四）以客户喜爱的产品吸引客户的注意力

邮件主题：Grab at least 50% off on the dining table

邮件正文：

Hi Steven,

Sophie from PAE China. Hope this letter finds you well.

Here's a unique opportunity to purchase a contracted and durable quality dining room table with 6 chairs set made from reclaimed wood for only USD 300!

While you know, it is very sensitive time. Lots of orders keep pouring. Please get back to us at your earliest if you are interested.

Sophie

具体分析：

该业务员针对客户所处的市场，通过研究客户网站上陈列的产品，追寻客户以往的出货记录，按照客户喜爱的产品，选择1~2款热卖产品进行推荐。正文第二段用一句话讲清楚了推荐产品的名称、配套明细、材质、价格。正文第三段提及好的东西都是很多人订购的，所以如果感兴趣请尽快联系。

（五）以产品定制吸引客户的注意力

邮件主题：Hot Sale Coffee Mugs from PAE China

邮件正文：

Hi Tom,

Sophie from PAE China. Hope this letter find you well.

Did you have the headache to think about the corporate gifts? These are the right ones! As a leading manufacturer of coffee mugs, we'd like to share one of our best seller with you as attached.

Size, color, logo and packing can all be customized. And we offer free artwork.

I look forward to hearing from you soon.

Sophie

具体分析：

像礼品这样的产品，可以接受定制最能吸引客户的眼球。这封客户开发信可用于为一些大型公司/集团推荐公司季度或年度礼品，信中还提及颜色、尺寸、包装等都能够按照要求制作。此外，免费设计也是该公司产品的一个卖点。

（六）根据行业特点强调客户最可能关注的问题

邮件主题：Packing Line Support from PAE China

邮件正文：

Hi Sam,

It's Sophie from PAE China. Hope this letter find you well.

As a leading manufacturer of packaging machinery, I'm pleased to inform you that we have been working with many big companies in Europe and South America.

We are in a good position not only to supply you high quality machinery, but also the excellent after sales service. Well-trained engineers will offer you any technical support.

Upon receipt of your feedback, we will update you on more relevant proposals and working videos for your options.

Best regards,

Sophie

具体分析：

文中提到"我们和欧洲、南美洲国家的很多大公司都已经建立了联系。"还强调"我们提供高质量的售后服务，提供训练有素的工程师随时给予技术支持。"为什么呢？因为有些国外客户对中国制造存在顾虑。一方面由于被宣传误导，他们对中国制造缺乏信心，另一方面一些供应商的"烂尾"售后影响了他们。所以比起质量，售后是更加重要的。文中在最后同时强调会提供相关方案和机器运作的视频，为此后的进一步跟进埋下伏笔。

（七）以邀请客户参加展会吸引客户

邮件主题：Please visit booth ××× Canton Fair on April 15th, 2019

邮件正文：

Hi Mike,

Will you visit the coming Canton Fair? If so, will you please visit us at: booth ×××.

We have plenty of new products to be released then. Please follow the following link to preview the new products. www.×××.com. A 10% promotional discount is offered on the fair.

I look forward to seeing you there.

Best regards,

Sophie

具体分析:

每次展会前,卖家都会发送大量的邮件给客户,这也是发送客户开发信的一个契机,客户一般并不反感。如果客户能去参展,那么展会流量会增加,合作成功率也会增加。这种方法既有深度,又有广度。

四、撰写客户开发信的注意事项

(一) 撰写重点客户开发信前要分析客户情况

1. 多途径了解客户信息

根据客户信息的来源情况,业务员应该尽量从大量客户信息中分离出重点客户信息。客户信息的来源包括海关数据、互联网、跨境电商 B2B 平台等。重点客户的判断标准是客户的既往采购量,客户公司的规模、发展历史、行业地位、主要竞争对手,客户的性质(是终端客户还是中间商、是大客户还是小客户)等。

2. 正确分析客户的需求

针对重点客户的情况,业务员应具体分析客户可能的需求。根据规模大小和购买能力强弱,客户可以分为大型客户和中小型客户,业务员应该根据不同规模客户的兴趣点来撰写开发信。

(1) 大型客户

一般大型客户都会有一个主要的供应商,其在主要供应商处的采购量能达到总体采购量的 60%~70%;其还会有一个次要的供应商,采购量能达到总体采购量的 20%~30%;其还可能有一个替补的供应商,采购量能达到总体采购量的 10% 左右。一旦主要的供应商出现问题,大型客户会迅速培养次要的供应商和替补的供应商,以充当原有主要的供应商的角色,以免出现供应短缺的问题。对于这类客户,在初步建立联系时,业务员要仔细考察客户的产品、市场定位、市场对于产品的偏好程度和要求,并考察客户现有供应商的短板。此类客户开发信可以从以下方面着手。

a. 把市场需要的新品推荐给客户,若新品被选中,则可以与其顺利建立联系;

b. 考察客户网站,看看客户的用户对于客户现有产品的反馈,试图解决不被现有供应商重视的问题;

c. 考察客户销量比较大的产品,研究是否有方法可以在保证质量的情况下,大幅度降低成本,通过价格吸引客户。

(2) 中小型客户

相比大型客户,中小型客户的采购量少一些,业务员撰写客户开发信的方式也应不同。如果客户是老板本人或者家族成员,通常会更关注优惠,业务员要直截了当给出优惠条件;如果客户是采购经理,其同时会关注相应责任的承担,衡量成本与风险,业务员应尽量向他们提供更多的辅助说明材料,如产品认证等,降低他们所需承担的风险。另外,业务员要关注中小型客户的细分市场定位。有的中小型客户定位很高端,有的中小型客户定位很低端,那么,他们关注的供应商资质和产品也是不同的。定位高端的,会很注重质量及产品的差异化;而定位低端的,则更注重价格,对款式的要求不高。

3. 将客户开发信发给"正确"的人

在清楚了客户的兴趣所在,以及自己公司和产品的优势,并清楚了如何引起客户强烈的兴趣后,业务员就要考虑这封信要发给谁了。找到具体的联系人,会让客户开发信的成功率倍增。建议先在网上搜索 purchase manager, buyer, general manager, merchandiser 等+ @客户公司名称.com,如果能直接找到采购经理的联系方式是最好的,如果找不到采购经理,那么找到客户公司的任何一位联系人也可以,成功率也很高。

（二）客户开发信主题的撰写

当撰写客户开发信时，内容写得再好，没有一个好的主题，你的邮件就可能湮没在众多的邮件当中。因此好的邮件主题，会很大程度上增加业务员的客户开发信被回复的概率。好的主题，都包含一些重要的字眼，如 low price，discount，coupon，direct manufacturer，custom design，hot-sales，new-innovated等。如果你知道客户的名字，也可以放在主题中，因为这会让客户认为你们可能认识，从而打开邮件。在业务实践中，有的业务员也经常用邮件回复标记"RE"+"邮件主题"的方式作为客户开发信的主题，但是这类主题的写法也会让客户觉得业务员投机取巧，因此要谨慎使用。

下面给出一些较好主题的例子：

Hurry up, grab at least 50% off on + 产品

Hello + 客户名字 + order now and get big discount

Hot sale umbrellas from + 公司名称

Direct manufacturer for + 产品

Direct from China+for + 产品

Newly launched + 产品 + from 公司名称

New arrival of + 产品 + from 公司名称

需要注意的是，对于邀请客户参加展会的开发信可以将展会作为主题，主题格式为"Please visit our stand +展位+at+展会+in+国家/地区"。例如，Please visit our stand A139 at PPP Fair in Kenya. 注意这里的两个介词，"at+展会+in+国家/地区"为固定搭配。

一些业务员写的客户开发信主题是：Will you come to Canton Fair?（你会来参加广交会吗？）或者 Welcome to Top Furniture Booth in the furniture fair（欢迎来到家具展 Top Furniture 的展位），可是当客户没空打开你的邮件时，即使客户会参加广交会（中国进出口商品交易会），也对你们公司的展位一无所知，这是比较失败的邮件主题。

五、实操

（一）你任职的公司是一个机械加工公司，公司成立于 2003 年，主营产品为振动筛、输送机、磨粉机和破碎机。公司连续 5 年都参加了广交会的机械展，在参加 2018 年的广交会时，你遇到了来自新加坡的李先生。通过与李先生的简单沟通，你得知李先生在新加坡有一个公司，专门从事机械产品的进出口。李先生是工程机械方面的工程师，因此他在中国寻找合适的卖家，想以技术指导的身份进行合作。在展会期间李先生给你留下了名片，你说展会后会与李先生邮件联系。请你以公司业务员的身份给李先生写一封客户开发信。

（二）你任职的公司是一个生产高端耳机的中国生产商（公司名：深圳市蓝晶电子信息设备公司），公司在 2019 年推出一系列创新型耳机，该系列耳机采用创新型的立体声技术，立体声效果卓越。你作为该公司的业务员在亚马逊网站上寻找潜在客户，发现阿联酋一个相对做得比较好的耳机零售商，但是你在该公司亚马逊网站的评论区看到有评论说某款耳机的立体声效果不太理想，于是你想写邮件给这个公司，推广你们公司的 EQ-A19 型号耳机。你已在该公司的公司网站上找到了采购部的邮箱，请写一封客户开发信给该公司的采购部。

第二节　跨境电商 B2B 询盘的类型分析

思考：
1. 跨境电商 B2B 询盘分为哪几种类型？
2. 跨境电商 B2B 来自真实客户的询盘分为哪几种类型？
3. 跨境电商 B2B 询盘类型判断的依据有哪些？
4. 在阿里巴巴国际站上进行询盘类型判断的方法有哪些？

给客户写开发信是主动开发客户的方式。但是客户通过浏览卖家产品图片和产品信息，给感兴趣的卖家发送询盘则是多数公司跨境业务最重要的形式。前面已经介绍了跨境电商 B2B 询盘系统的组成，研究跨境电商 B2B 询盘系统的目的是查收和回复客户询盘。由于询盘回复质量的高低直接关系到订单能否顺利成交，因此在收到询盘后应该对询盘展开合理的分析，确定回复的策略以成功获取订单。假设有一天作为业务员的你收到了这样一个询盘：

Dear sir,

Send me your best quotation for 5 tons grape crusher and destemer machine.

（先生，请报出 5 吨的葡萄除梗破碎机的价格。）

Best regards,

Victor

　　注意：各行各业的产品是不同的，但是无论哪一个行业，对询盘的基本回复思路都是相似的。因此业务员可以将此询盘的对象换成自己行业的产品，如玩具、服装、化工粉末、重工机械等。

　　如此简单的一个询盘，应该如何分析和回复呢？万变不离其宗，良好的询盘分析基于对询盘类型的正确把握。

一、跨境电商 B2B 询盘的基本类型

对跨境电商 B2B 询盘类型的基本判断是指业务员在收到客户的询盘后结合询盘的内容及询盘的来源等信息对询盘进行的归类和判断。这样,业务员可以在进行询盘回复时更加具有针对性。跨境电商 B2B 询盘的分类标准可以是客户的可能采购量、客户公司的类型、客户预计成交的速度、客户发送询盘的目的、客户所在国家、客户所在行业等。但是无论以何种标准来分类,业务员都需要具有甄别真假询盘的能力。跨境电商 B2B 询盘以其真实与否可以分为三个基本类型:真实客户(的询盘)、竞争对手(的询盘)、垃圾询盘,如图 3-2 所示。

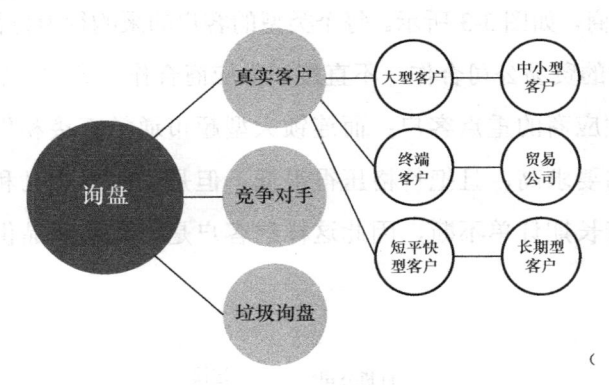

图 3-2 三种类型的询盘

(一)真实客户

来自真实客户的询盘是指对于卖家的产品有真实需求的客户所发的询盘。真实客户是跨境电商 B2B 询盘的主体。根据规模大小和购买能力强弱,真实客户可以分为大型客户和中小型客户;根据客户需求产品目的的不同,真实客户可以分为终端客户和贸易公司,前者以直接使用产品为目的,后者

以转手贸易为目的；根据业务洽谈时间的长短，真实客户可以分为短平快型客户和长期型客户，前者指业务洽谈时间较短而成交较快的客户，后者指对产品长期有需求而短期内没有采购计划，但是愿意和你保持联系的客户。但是，实际上真实客户往往是复合型的，如长期型的中小型贸易公司、短平快型的大型终端客户、长期型的中小型终端客户等。业务员在考虑询盘类型时应该用不同的分类标准进行综合的衡量，准确地制定有针对性的回复策略。

业务员可以根据在实践工作中行业客户群体的共性制定真实客户分类原则。以日常消费品为例，日常消费品供应商可以根据客户的采购行为特征将其分为百货公司、连锁大型超市、品牌进口商、批发商、综合采购商、零售商、政府采购商，如图3-3所示。每个类型的客户的采购行为特征不同，百货公司通常和大的贸易公司合作，不直接和供应商合作，这样的客户显然不是日常消费品供应商的重点客户；而连锁大型超市通常直接和供应商合作，其对供应商的要求高，且把价格压得很低，但是供应商一旦和这样的客户合作就意味着长期订单不断，因此这样的客户是日常消费品供应商的合作重点。

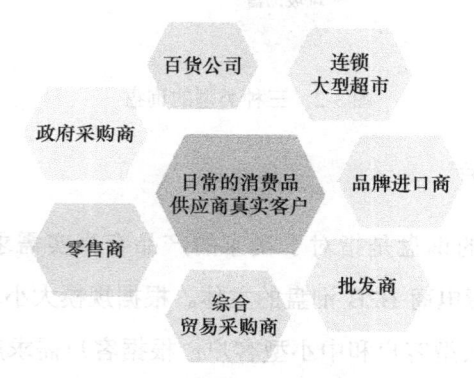

图3-3 日常消费品供应商的真实客户

（二）竞争对手

来自竞争对手的询盘是指同行业竞争者以套取价格为目的的询盘。这样的询盘通常会有针对性地直接询问卖家销售的某款产品的价格。对于竞争对手而言，套取价格可以做到知己知彼，百战不殆。竞争对手通常会伪装成真实客户，不希望卖家察觉。业务员如果不能很好地甄别竞争对手，不仅会浪费时间，而且会泄露公司的商业机密。

（三）垃圾询盘

垃圾询盘是指跨境电商 B2B 平台上所收到的以欺诈为目的或与卖家所售卖产品无关的询盘。以欺诈为目的的垃圾询盘尤其应该引起业务员的注意。垃圾询盘的欺诈方法很多，最常见的欺诈方法有两种：第一，套取公司平台的用户名和密码；第二，骗取邀请函。第一种方式具体表现为伪装的客户诱导业务员单击一些不相关的链接，骗其输入卖家的跨境电商 B2B 平台的用户名和密码，从而得以潜伏在卖家的邮箱中，待卖家有即将成交的订单时，伪装成卖家的业务员给客户发送虚假 IP，诱骗客户钱财。第二种形式具体表现为伪装的客户对卖家的产品没有兴趣或者伴装有兴趣，直接提出来访，要求卖家开出邀请函。垃圾询盘的真正目的不是采购卖家产品，而是骗取邀请函以在邀请国逗留。

下面来看一个垃圾询盘的案例。这个垃圾询盘的主要内容是某客户给卖家的银行账户进行了汇款，请卖家查收，要求业务员单击某链接，并输入卖家的用户名和密码，以查看汇款信息。这个垃圾询盘是该客户发给卖家的第一封邮件，没有任何前期的沟通和交流。

Dear Sir/Madam,

×××　has made a wire transfer to your registered bank account. Please find attached a wire transfer confirmation sheet and remittance. Unless you respond immediately by clicking on the below link, the information shall be deemed to be correct and shall be binding and conclusive on you.

Best regards,

×××

二、跨境电商 B2B 询盘类型判断的依据

业务员每天可能会收到许多询盘，将询盘正确分类，有利于业务员高效、有针对性地进行询盘回复。那么询盘的类型究竟应该怎么样来判断呢？

（一）一般询盘类型的判断方法

1. 询盘的内容

询盘的内容是询盘类型判断的最重要的方法。在收到一个询盘之后，业务员应仔细研读询盘的内容。询盘中可能会有客户的自我介绍、来自公司的介绍、需要的产品、所需要产品的紧急程度等信息，这些信息能帮助业务员判断询盘类型。真实客户一定会表达自己真实的需求，对所咨询产品十分了解的客户，会直接表达他需要什么产品，甚至会要求卖家就某一具体型号的产品直接报价；对所咨询产品不太了解的客户，即使不能表达清楚需要产品的具体名称，也会努力表达他的具体需求，询问是否有相应的产品满足他的需求。用心研读询盘中的每一句话是十分有必要的。下面通过两个例子来具体说明如何通过询盘内容判断客户的询盘类型。

（1）大型贸易公司的真实询盘

大型贸易公司的真实询盘示例如下。

第三章 跨境电商 B2B 询盘业务处理

> Hi Emeline,
>
> We are consultants and machinery supplier since 1995. Please visit our website:www.×××.com.
>
> Meantime we have an urgent query for Apricot washing and pitting at around 5 tons/8 hours. Also, we need to use the same machine for pear fruit.
>
> Please send us detailed offer along with video and photos.
>
> Best whishes,
>
> Saseed

> 你好 Emeline，
>
> 　　我们是建立于 1995 年的机械供应顾问公司。请访问我们的网站 www.×××.com。
>
> 　　我们有一台杏洗果去核机（5 吨/8 小时）的紧急询盘。我们需要同样的机器来处理梨。
>
> 　　请发给我们详细的报价附带视频和照片。
>
> 最美好的祝愿。
>
> Saseed

从询盘内容可以看出：

a. 这位客户来自一个大型贸易公司，而且公司比较正规，有自己的网站；

b. 这位客户有具体的产品需求，所需求产品的具体名称和产量都很明确；

c. 这位客户严谨的态度进一步反映了客户的真实性，这位客户要求卖家提供具体的报价、视频和照片。

（2）大（中）型终端客户的真实询盘

大（中）型终端客户的真实询盘示例如下：

65

> Dear Sir,
>
> We are a foodstuff packing company.
>
> We are looking for full or semi Automatic Bagging Line. The machine should do the following :
>
> Bag Stacking, Bag Picking, Bag Filling, Bag Weighing, Bag Closing. Packed items include rice, sugar and flour .Weight of the bag is 10~40 kg. Bags type is PPOB bags.
>
> Please send us your offer for the machine that will fit our requirement.
>
> Thanks,
>
> ×××

> 亲爱的先生,
>
> 　　我们公司是一个食品包装公司。
>
> 　　我们正在寻找全自动或者半自动装袋生产线。这些机器应该能完成下列工作:
>
> 　　垛袋、捡袋、填袋、称袋、封袋。装袋的物品包括大米、糖和面粉。装袋质量是10~40kg。袋的类型是PPOB袋。
>
> 　　请发给我们符合要求的机器的报价。
>
> 谢谢,
>
> ×××

　　从询盘内容可以看出:

　　a. 这位客户是终端客户,客户所在公司是食品包装公司,需求是装袋生产线;

　　b. 根据客户公司的规模,可以判断其为非小型客户,因为客户要的是全自动或者半自动装袋生产线,装袋生产线尤其是全自动装袋生产线的交易金额一般是几百万元，因此这位客户应该不是小型客户，至少是中型客户。

2. 客户的邮箱域名

客户的邮箱域名是判断询盘有效性和真实性的依据之一。业务员收到的每一封邮件都会显示客户的邮箱域名。如果业务员收到的询盘来自一个正规公司，这个公司的邮箱域名往往是比较正规的。例如，某客户的邮箱地址是 Jane@greenhouse.com，则 greenhouse.com 可能是客户公司邮箱域名。不妨在搜索引擎中搜索 www.greenhouse.com，如果这是一个真实的公司，此网址应该是可以打开的。业务员可以在公司网站上看到客户公司提供的产品是否和业务员所在公司的产品紧密相连，进而判断这个询盘的具体类型。

3. 询盘发出的 IP 地址

在大多数的邮箱系统中都可以看到发件人的 IP 地址。我们以用 Foxmail 邮箱接收到的询盘为例，用鼠标右击收到的邮件，选择"属性—详细信息"选项，可以看到发件人的 IP 地址，然后查询 IP 地址的所属区域。IP 地址所属区域的查询方法推荐两种：第一种，在搜索引擎中搜索发件人的 IP 地址，就会显示 IP 地址的所属区域了，如图 3-4 所示；第二种，访问网址 www.ip138.com，输入 IP 地址，可以搜索到该 IP 地址的所属区域。

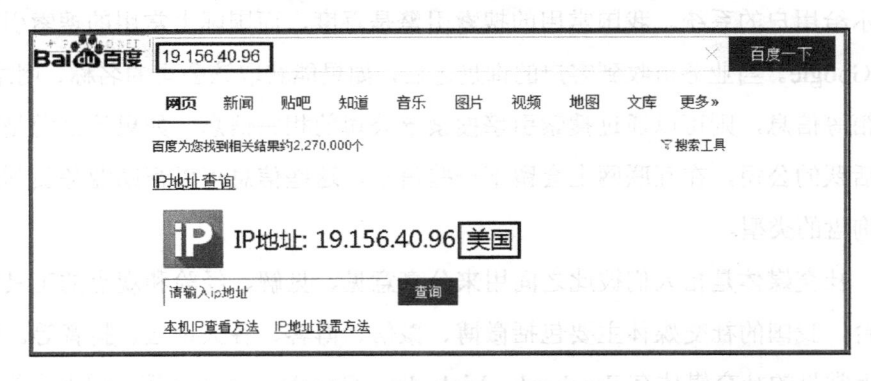

图 3-4　搜索引擎

4. 客户邮件的签名档

一个正规公司的发件人往往在其邮件的下方会有正规的签名档。正规的签名档往往包含询盘客户的名字、职位、公司名称、公司地址、公司网站、公司 Logo、联系方式（电话、邮箱、网址）等信息。例如：

Industrial engineering office

4#, Adam street, California, USA

Maria Smith

Mobile:0012978364597

www.lewo.net

根据客户邮件签名档中的公司地址，业务员可以通过地图查找该公司，通过电话联系该公司，还可以登录该公司的网站以探虚实。所以客户邮件的签名档是很有用的判断询盘类型的工具。如果一封邮件没有正规的签名档，那么这位客户的身份和询盘的有效性有待确认。

5. 搜索引擎和社交媒体

搜索引擎是根据一定的策略、运用特定的计算机程序从互联网上搜索信息，在对信息进行组织和处理后，为用户提供检索服务，将用户检索的信息展示给用户的系统。我国常用的搜索引擎是百度，而国际上常用的搜索引擎是 Google。当业务员收到客户的询盘之后，如果能获取该公司的名称、网站、邮箱等信息，则可以通过搜索引擎搜索该公司的相关信息。如果该公司是比较活跃的公司，在互联网上会留下一些信息，这些信息可以帮助业务员判断该询盘的类型。

社交媒体是指人们彼此之间用来分享意见、见解、经验和观点的工具和平台，我国的社交媒体主要包括微博、微信、博客、各大论坛、抖音等。国际上常见的社交媒体有 Facebook、Linkedin、Google、Twitter 等。因为这些社交媒体的广告效应，很多公司都使用社交媒体进行推广。业务员可以通过在社交媒体上查找公司或者客户的信息，进而判断询盘的真实性。例如，一位叫 Marshal 的客户发出了需求一批特种纺织品的询盘，这位客户来自美国某公司。在 Linkedin 上搜索该客户的名字和客户所在公司的名字，可以很容易地找到该客户，并且看到该客户在其公司的职位，业务员根据这点可以判断这位客户是否属于有决策权的大客户，这一信息对于询盘回复策略的制定是非常有参考价值的。

（二）阿里巴巴国际站来源询盘类型的判断

作为全球主流的跨境电商 B2B 平台之一，阿里巴巴国际站为了方便业务员判断询盘的类型，也提供了一些信息查询的方法和途径。除上述方法外，对于在阿里巴巴国际站上接收到的询盘，业务员可用以下方法来判断询盘的真实性。

1. 客户是否是蓝标客户

进入阿里巴巴国际站的询盘箱界面，在询盘箱界面的中间位置有按照时间顺序排列的询盘列表，如图 3-5 所示。在询盘名称旁边有一个小名片，如果这个小名片是蓝色的，就意味着这位客户是阿里巴巴国际站的蓝标客户，也就是经过阿里巴巴国际站认证的客户，在蓝标旁边如果有一个小人像，就说明这位客户是已经被添加为会员的客户。蓝标客户是客户可信度的重要判断指标。

2. 客户公司信息

在询盘箱界面，打开任意一个询盘，在界面的左上角可以看到发送询盘的客户公司信息，可以利用搜索引擎、社交媒体等方式进而判断询盘的真实性和有效性。

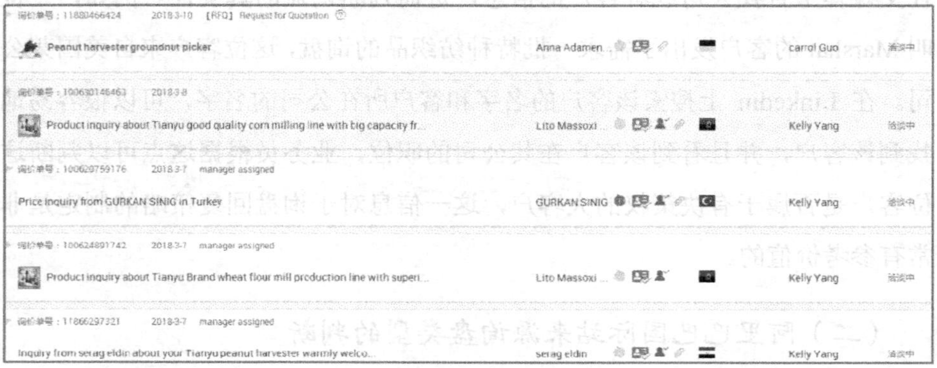

图 3-5　询盘列表

3. 近 90 天站内行为

在询盘箱界面，打开任意一个询盘，在界面的右下角可以看到客户近 90 天站内行为，包括产品浏览数、有效询盘/回复询盘数、有效 RFQ 数、登录天数、垃圾询盘数、被加为黑名单数。根据这些，可以判断询盘的真实性并获取更多有关客户的信息。图 3-6 所示为一位阿尔及利亚客户及其近 90 天站内行为，他的近 90 天站内行为说明他是一位相对比较活跃的客户，有较大的购买需求，"垃圾询盘数"和"被加为黑名单数"都为 0，更加说明这位客户的询盘的真实性。

4. 客户的访问数据、采购需求、贸易数据、询价数据、搜索数据

在图 3-6 中，单击界面左上角的客户名字，可以看到关于这位客户更多详细的信息，包括客户的访问数据、采购需求、贸易数据、询价数据、搜索数据等。搜索数据能够帮助业务员判断这位客户对什么产品感兴趣及感兴趣的程度。如图 3-7 所示，这位阿尔及利亚客户所在公司很可能是一个贸易公司，因为这位客户搜索的产品大多数都是没有关联的。

第三章 跨境电商 B2B 询盘业务处理

图 3-6 近 90 天站内行为

图 3-7 阿尔及利亚客户

5. 访客详情

最后，可以通过阿里巴巴国际站的访客详情界面查看客户的一些行为。在该界面，可以看到访客的相关信息，包括浏览量、地域、常用搜索词、旺铺行为（浏览了多少旺铺上的哪些界面）、网站行为（浏览了阿里巴巴国际站上的多少款产品、多少个卖家）等。从常用搜索词、旺铺行为和网站行为可以判断其活跃度、感兴趣的产品和专业度，如图3-8所示。这些信息能为业务员和客户进行有效沟通奠定良好的基础。

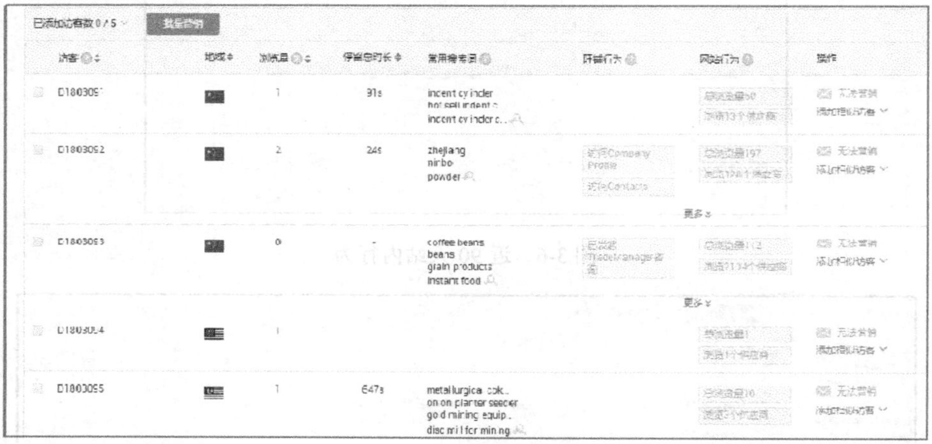

图 3-8　访客详情界面

三、实操

（一）请综合应用本节内容，判断以下这位真实客户的询盘所属的具体询盘类型，并给出判断依据。

注意：该询盘为一个特种纺织业公司的真实询盘，经业务员验证，这个公司的电话号码是有效的，公司网站可以打开，并且该公司网站上销售的产品为纺织产品，公司的邮箱域名与公司网站一致。

请基于以上信息判断该询盘的询盘类型。

Dear Susan,

Good day.

We are Coprataxex Srl. A leading company in medical textile field in Italy. Currently we are looking for new fabrics 99% poliester 1% carbon fiber(or 98%/2%) that can be certified ENISO 13795 anti-static microfiber for operating theatre, for gowns and drapes, and also 3 layer laminated fabric for reusable gowns and drapes certifiable to norm ENISO 13795.

Do you have any product to purpose and send us for checking?Waiting for your feedback.

Thanks,

Azzutta

（二）请运用本节内容，判断下面这个询盘的询盘类型，并给出判断依据。

Good evening,

We are importing machines from China since 2005. Mrs Chen Xiao Lin is our agent in Shanghai. We are looking for sifter stainless steel for wheat and buckwheat flour. Capacity from 50kg to 100kg/hour 220V single phase 50Hz. Please give quote delivered Shanghai for 3 layer models as recommended above. Send video Reply address: earl.desestquels@wandoo.fr.

Best regards,

Earl

（三）假设你们公司是塑料袋的生产厂家，有多种类型高质量塑料袋的生产能力，公司成立已经十年了，最近三年的年均销售额在3000万元以上，公司正在利用互联网开拓国际市场。

如果让你对你们公司跨境电商 B2B 平台上的真实客户进行类型分析，你最倾向的分类方法是什么？为什么？

基于你所做出的询盘类型分类，思考每种类型客户的采购特点和业务维护策略。

第三节　跨境电商 B2B 询盘之首回复

思考：
1. 简单型询盘首回复的基本思路是什么？
2. 复杂型询盘首回复的基本思路是什么？

当业务员收到客户的询盘之后，应该用多种方法判断询盘的类型，目的是有针对性地进行询盘的回复。询盘的初次回复称为询盘首回复。询盘磋商犹如客户和业务员之间的一场博弈，可以用棋局来形容，业务员如果能够很好地分析客户的心理，对于客户每封邮件、每句话都能够字斟句酌，那么取得最终胜利的可能性就比较大。虽然客户的需求、性格、年龄、背景都有差异，所发过来的询盘内容也会有所差异，但是对于同一款产品询盘的首回复却有共同的规律可循。要做好询盘首回复，就要基于共性分析个性。

一、跨境电商 B2B 询盘的类型

跨境电商 B2B 首个询盘可以分为两种类型：简单型询盘和复杂型询盘。

1. 简单型询盘

在简单型询盘中，客户一般直接提出对产品感兴趣，要求报价，并没有透露过多的内容。这种询盘的典型特点通常是只有很简单的一两句话。这种询盘是很常见的。例如，I am interested in your product. Could you please quote. 又如，I would like to buy ×××. Could you give me the price?

2. 复杂型询盘

复杂型询盘包含的信息量比较大。实际上，客户的第一次询盘是千变万化的，不同的产品需求、客户背景、需求产品的紧急程度都会造成询盘并非只是要求报价这么简单，而是包含着更丰富的信息，需要业务员分析客户的背景、询盘的目的，然后逐点有针对性地进行专业回复。

二、跨境电商 B2B 询盘的回复

（一）简单型询盘首回复

简单型询盘的内容十分有限，似乎只是漫不经心的一两句话，如果不采取更多的方式来判断，很可能会使得这类询盘的价值不高。对于这类询盘，业务员应该结合询盘类型判断的方法，先判断这个询盘的真实性及价值，然后再确定如何回复。如果经过询盘类型的判断，得出该客户的询盘为群发询盘，而且很多公司将该询盘列为垃圾询盘，那么业务员就可以简单复制一个回复模板，快速处理。但是如果经过分析，该客户是真实客户，那么应该用心对待。下面是一个来自卢旺达的简单型询盘，这样的询盘给人的第一感觉就是太简单了，那么应该怎样对该询盘进行分析？应遵循怎样的回复思路呢？

Dear Emeline,

I am interested in the green banana peeling machine.

Could you please send me a quotation?

Best regards,

Celestine

1. 询盘类型的判断

首先根据询盘类型判断的方法，判断这位客户的基本情况，确定这位客户来自哪个国家、是否有公司网站，社交媒体上有无其相关信息等。然后根据所获得的客户信息，思考客户的需求点和兴趣点。假定通过上述方法判断这位客户是来自卢旺达的真实客户，而且是终端用户。从这位客户的公司网站上看到这个公司是售卖多种果汁饮料的厂家，这意味着客户可能对香蕉剥皮机之外的其他水果机械也有需求，业务员所在的公司如果有其他类型的果蔬机械，可以适时推荐；又经网上查询得知卢旺达是世界著名的香蕉产地，这意味着合作这一位客户可能会带来更多卢旺达的其他客户，具有良好的市场效应。获取了以上信息，业务员应加强对该询盘和客户的重视，综合以上情况进行回复的设计。

2. 进行回复的设计

（1）询盘首回复的第一部分——感谢+公司、产品介绍+针对回复

此类询盘首回复的第一部分内容建议的结构是"感谢+公司、产品介绍+针对回复"，也就是首先对客户发来询盘表示感谢，然后进行公司和产品的介绍，结合客户的需求点和兴趣点，把公司的亮点展示出来。如公司悠久的历史和创新性的产品、公司所通过的权威的质量认证等，必要时公司的规模、文化都可以提及。最后，建议业务员做一些有针对性的回复。例如，在这个案例中，客户是来自卢旺达的终端客户，终端客户往往最关心的是产品的质量。如果业务员的公司在卢旺达曾经有过客户，而且产品质量获得了客户的信赖，就不妨提及以前和卢旺达客户的有关合作，例如，one customer from Rwanda has bought four sets of machines from us, due to its excellent performance and steady working.

这样不仅可以有效拉近业务员和客户的关系，而且可以增加客户购买产品的信心。如果业务员的公司在卢旺达没有过合作案例，那么可以列举与其他非洲国家的合作案例。

（2）询盘首回复的第二部分——产品选型问题

在询盘首回复中，最重要的部分是产品选型问题。产品选型问题是关乎

产品型号选择的一系列问题，基于客户对产品选型问题的回答可以为客户推荐合适的具体型号。各行各业一般都有产品选型问题。对于机器而言，通常关系到机器的产量、功率、体积、材质；对于服装而言，就涉及衣服的布料、大小、颜色。因此，如果公司产品比较多，建议业务员准备一个产品选型问题清单，把公司所有产品的产品选型问题汇总到一个文档中，以便收到客户询盘时可以迅速反应。值得注意的是，产品选型问题也应该根据客户的实际情况在必要时做调整。就这位卢旺达客户而言，可以问问客户对其他种类的水果机械是否有需求，如果暂时没有需求，至少与香蕉剥皮机相关联的生产线，其有可能是感兴趣的。因此，一般的产品选型问题是不够的，可以有针对性地多问客户几个问题。

（3）附上附件——公司介绍或者公司产品目录等

业务员可以将公司介绍和公司产品目录作为附件发给客户。公司介绍应该包含公司成立的时间，公司的历史、文化及设计精美的代表公司形象的图片。公司的产品目录应该包含客户感兴趣的产品和公司的优势产品，产品的图片应该精致，能达到提升公司形象和宣传的目的。

（4）询盘首回复参考

根据以上思路，针对卢旺达客户的询盘，可以做出如下回复。

Dear Celestine,

It is my honor to get your inquiry for our green banana peeling machine 24/2/2019.

We are ××× company specializing in the production of fruit & vegetable machinery. The banana peeling machine you are interested in is co-invented by our general engineer and a professor from Chinese ××× agriculture

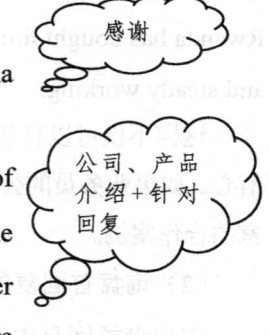

（感谢）

（公司、产品介绍+针对回复）

university. The peeling technology has got Chinese invention patent. And one customer from Rwanda has bought four sets of machines from us, due to its excellent performance and steady working.

So for model selection，could you please tell me:

1. What is the type of the green banana?

2. What is the diameter of the green banana?

3. What is the capacity per hour you would like?

4. What is the voltage, phase and frequency you request? Like in China, we usually use 380V, 3phase and 50Hz.

5.Noticeably, do you need other assistant equipment for the banana peeling machine? We have banana elevating machine and banana puree beating machine available to compose a production line.

Attached please find our catalogue.

I look forward to hearing from you.

Best regards,

Emeline

（二）复杂型询盘首回复

1. 复杂型询盘的通用回复思路

对于复杂型询盘，首先应该判断询盘类型；其次应该分析产品选型问题，用产品选型问题清单对照客户的询盘，确定客户已经说明的问题和和未说明的问题（还应该向客户询问的问题）；然后，回复客户关心的问题；最后，业务员传达客户应该了解的其他信息。上述逻辑可用图3-9说明。对于复杂型询盘的回复，业务员一定要始终保持清晰的逻辑思维，坚持站在客户的立场，考虑客户最希望获得的有效的交流方式和信息。以这样的原则来进行询盘回复，会给客户留下专业、认真、负责的印象。

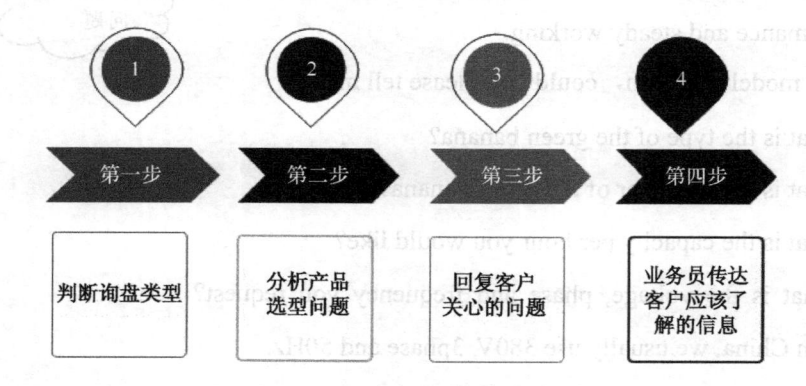

```
第一步              第二步              第三步              第四步
判断询盘类型        分析产品            回复客户            业务员传达
                   选型问题            关心的问题          客户应该了
                                                          解的信息
```

图 3-9　复杂型询盘的通用回复思路

2. 复杂型询盘示例

复杂型询盘示例如下。

Miss Carrol Guo,

Our company manufactures plantain chips in Brazil. At present we process 10000 kilos of raw green plantain per week. The peeling process is done by hand. I am in China now and therefore interested in visiting your factory Monday October 30, with regards to your green plantain peeling machine. I am not quite sure if your machine is suitable for plantain. My phone number is ××××××. Could you please call me?

Hope for your reply.

Best regards,

Keith

3. 询盘分析

（1）判断询盘类型

客户在询盘中提到"我们公司在巴西专门生产 plantain（香蕉的一种）脆片。目前我们每星期加工 10000 千克 green plantain，我们的香蕉剥皮工作是手工完成的。"从这段话可以看出，这位客户是来自巴西的真实客户，而且是大型终端客户。客户十分关心机器是否适合香蕉中的 plantain 这个品种。为了看到机器的效果，客户还要亲自参观供应商工厂并且要求业务员打电话给他。从客户的要求和语气看得出，这位客户很急切地要买机器。所以业务员应该对这位客户给予足够的重视，在回复过程中分析问题应尽可能细致、周到、专业。根据客户来自巴西这一情况，业务员应该首先收集与巴西香蕉有关的信息，例如，巴西香蕉的主要品种、公司是否有和巴西客户合作过、公司的机器对巴西香蕉的加工情况，甚至巴西的香蕉加工商主要加工的最终产品及产品销售的主要市场等。了解得越详细，在以后与客户的沟通中就会越专业，越容易取得客户的信任。当然，由于业务员自身的经验有多有少，公司的历史有长有短，业务员获取这些信息的途径可能有限，上面所述的信息未必全都能获得。但是业务员要有意识地去培养自己的职业敏感性，这对业务员获取更多的订单意义重大。

（2）产品选型问题

参照香蕉剥皮机的产品选型问题清单，再根据询盘筛选出哪些产品选型问题的答案客户在询盘中已经提及，哪些未提及。很显然，客户已经回答了香蕉的类型是 plantain，产量是每星期 10000 千克，但是由于客户没有告知机器每天工作多少个小时，因此无法判断每小时的 plantain 产量，所以业务员应该询问客户每周的工作时间或者直接询问客户要求的每小时产量是多少。客户要求的机器电压、相位、频率均没有涉及，需要询问客户。

香蕉剥皮机的产品选型问题清单

1. What is the type of the green banana?
2. What is the diameter of the green banana?
3. What is the capacity per hour you would like?
4. What is the voltage, phase and frequency you request?Like in China, we usually use 380V, 3phase and 50Hz.

（3）回复客户关心的问题

客户关心的问题有两点：

a. 我不知道你们的机器是否适合 plantain，你们是否做过实验？（如果确实做过实验，那么不妨告诉客户，并告知客户是否可以在客户来访时当面演示。如果没有做过实验，那就告诉客户是否可以为他做实验。）

b. 请给我打电话，我想和你们谈谈（针对此点，告诉客户你会在什么时候给他打电话）。对于英语口语不太好的业务员，此时就要考虑先给客户回复，把自己希望和客户沟通的信息详细表达，回复后，稍等一会儿，再给客户打电话，这样可以降低电话沟通的难度。对于英语口语比较好的业务员，可以考虑马上给客户打电话，然后再回复，确认和客户在电话中沟通的细节。毕竟打电话是最直接、高效的沟通方式，也比较容易给客户留下深刻的印象，以获取先机。

（4）业务员传达客户应该了解的其他信息

针对客户说他在 10 月 3 日会来访的信息，业务员应该询问客户他是否乘坐飞机，准备到哪个机场，并主动提出接机和预订酒店等事宜。然后，在对巴西香蕉进行分析后，根据客户的情况，可以和客户分享一下你对巴西香蕉的认识或对巴西香蕉加工品市场的认识，树立你的专业形象。

4. 询盘首回复参考

为了体现回复的逻辑性，最好在回复时以"点"的形式来进行，如采用

第三章 跨境电商 B2B 询盘业务处理

"Firstly，Secondly，Finally"或者"About，Referring to"等表达方式，有逻辑地引出每一部分的内容。注意：上述的分析只是思维顺序，不代表回复内容的顺序，真正的回复只要有逻辑地涵盖上述主旨即可。根据以上思路，业务员可以做出如下回复。

Dear Keith，

A very good day to you. Thank you for your inquiry for green banana peeling machine on October 25th. As far as I know Brazil and Venezuela are very famous banana growing regions in South Africa, however most banana peeling works are done by hands. Hopefully we will have a good start for cooperation.

Firstly, we are delighted to hear that you will visit our factory. Please check your schedule to see which flight is suitable so that we can meet you at the airport. The nearest airport to our factory is Qingdao Liuting Airport. Do you need us to book the hotel for you? If so, we can help. 〔根据客户的来访要求，业务员传达自己希望传达的信息〕

Secondly, about the machine, I would like to confirm some questions from you.For the capacity, you said you process 1000kg per week, because we don't know how many working hours you have for 〔产品选型问题〕

one week. So could you please tell me how many kilograms per hour you need for the capacity?Accordingly we recommend the suitable green banana peeling machine for you.Could you tell me the diameter of your plantain? Could you please tell me the voltage, frequency and phase you request?

Finally, about the plantain, we have made test before.This banana can be peeled by

83

our machine.But we need to see on the market if we can get Plantain in this season. If it is available in the market, we can make a test for you when you visit us. No matter how, at least we can get ordinary Chinese green banana for you to judge the peeling effect. By the way, is that ok if I call you at three o'clock p.m. today?

Attached please find our catalogue for your reference.

I look forward to your reply.

Best regards,

Carrol

> 回复客户关心的问题

三、实操

（一）假设你是艾梅尔公司的业务员。你们公司专业生产多种类型的剃须刀。你在跨境平台上收到如下询盘。系统显示该客户是美国客户，该客户仅发送该询盘给你们公司。请分析询盘，尝试进行询盘首回复。

Can you send me the samples of the couple of razors? Maybe 2 each?

I will pay for the shipping and the razor cost.Let me know my next steps.

Thanks,

×××

注意：该客户并未随邮件一同发过来他想要的剃须刀的图片。

（二）下面一封邮件是来自阿里巴巴国际站的真实询盘。客户来自土耳其，经相关信息搜索和分析可以得出下列结论：该客户是终端客户，从该客户的公司网站上得知该公司是一个有十年历史的、实力比较强的食品包装公司。下面是客户发来的第一个询盘，请进行询盘首回复。

Hi,

I am interested in LCS-25 of semi-auto powder packing machine produced by your company. We are a food packaging company in Turkey. We would like to order one set of packing machine with capacity of 100kg per hour for wheat flour. If the quality is good, we would consider buying 10 sets. Could you quote me the price and send me video?

Hope for your soonest reply.Thanks.

Best regards,

Sabri

  这里我们给出半自动包装机的产品选型问题清单以供参考。关于生产厂家的情况，读者可以发挥想象力自行设定，进行询盘首回复。

半自动包装机的产品选型问题清单

  1.What is the material you need the machine to pack?

  2.What are the characters about the material?(fluid or powder，particle size, density, water content, humidity, mobility)

  3.What is the size (L*W)(mm) of your smallest and biggest packing bag?

  4.What is the volume(kg) of your smallest and biggest packing bag?

  5.How many bags of materials do you need the machine to pack per minute?(Or how many kilograms of the materials do you need the machine to pack per hour?)

  6.How is the sealing type?Heat-sealing or sewing?

  7.How much is your voltage, Hz and phase? Like in China, we usually use 220V, 50Hz, single Phase.

第四节　跨境电商 B2B 询盘之引导沟通

思考：

1. 跨境电商 B2B 询盘之引导沟通的黄金 5C 原则是什么？
2. 跨境电商 B2B 询盘之引导沟通的基本回复思路是什么？

在询盘首回复中，业务员需要询问客户一些产品选型问题，然后等待客户回复。客户的回复一般可以分为三种情况，如图 3-10 所示。第一种情况，有回复但还有问题。客户的回答或许不完整、不清楚，也可能对业务员的某些问题不理解而提出疑问，也有客户可能自身尚有一些问题希望和业务员进一步交流。对此类客户，业务员需要进行进一步的引导沟通。第二种情况，有回复且没有问题。客户做出回复并很好地回答了业务员提出的所有产品选型问题。业务员对这样的客户通常可以直接进行报价。第三种情况，没有回复。可能因为客户不再需要这个产品，也可能因为他需要和更多的卖家进行沟通，没有时间和精力马上做出回复。对这样的客户业务员需要进一步跟踪。本节内容主要针对第一种情况介绍如何对有回复但还有问题的客户进行引导沟通。

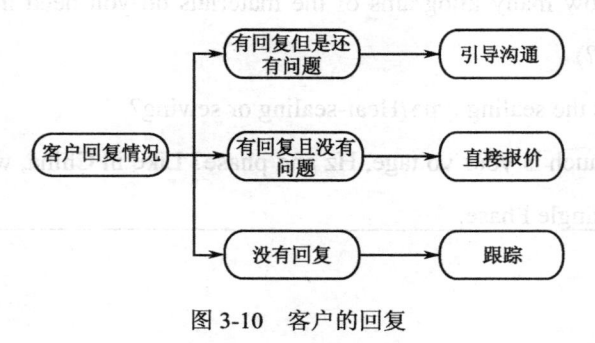

图 3-10　客户的回复

第三章 跨境电商 B2B 询盘业务处理

一、案例引导

下面用一个案例来说明业务员应该对客户进行怎样的引导沟通。

在阿里巴巴国际站上，一位客户给某轻工机械厂的业务员发了一个询盘。询盘的具体内容如下。

Dear Emeline,

I need a pomelo grains separation machine and a grape seeds removing machine.

Could you please quote me the lowest capacity for the two machines?

Best regards,

Sabri

亲爱的 Emeline，

　　我需要一台柚子果粒分离机和一台葡萄去籽机。你能给我报出这两台机器最低产量时的价格吗？

最美好的祝愿。

Sabri

对于这样的询盘，首回复的思路如下。

（1）收集并分析该客户的各种有效信息。

经过阿里巴巴国际站上所展示的客户信息判断该客户是来自印度的终端客户，客户留下了公司名称和公司网站信息。登录该公司的网站，得知该公司是专业做果汁饮料的公司，已经有 12 年的历史。这样的客户通常不会只对一种果蔬加工机械产品感兴趣，可能会长期有多种产品的需求，业务员可以进一步判断这是一个有效的高质量的询盘。印度客户的特点是，经常讨价还价，做决定比较慢，但是由于印度市场是个新兴的购买力旺盛的市场，因此业务员要重视印度客户，也要做好持久磋商的准备。

87

（2）根据询盘首回复的模板和对这位客户的针对性分析，进行询盘首回复。

值得注意的是，由于业务员的公司只生产柚子分离机，不生产葡萄去籽机，因此业务员应该向客户说明这种情况。此外，虽然客户要求业务员报出两台机器最低产量时的价格，但是客户心中往往有具体的产量预期，所以业务员最好直接询问客户希望的产量。最后，从客户的公司网站可以看出，该客户有可能会有多种产品需求，因此在回复中可以涉及一些此部分的内容。

业务员做出的询盘首回复如下。

Dear Sabri,
Thank you for your inquiry.
We are ×××　Light Industry Co., Ltd specializing in the production of fruit machinery with ISO&CE certificate.Our products range from peeling machine to juicing machine for the main fruits available in the market.
Regarding your inquiry, we have grapefruit separation machine but unfortunately we don't have grape seeds removing machine.I send a video to you to show you the effect of grapefruit separation machine.
Furthermore 1 ton per hour is the lowest capacity for this machine. Could you please tell me the exact capacity you expect for the machine?
Finally, could you please go to our website:www.×××.com，you can find more information.If you have extra need for our products, please let me know.
Best regards,
Emeline
亲爱的Sabri，
谢谢你的询盘。
我们是×××轻工机械有限公司，致力于水果机械的生产。我们公司

通过了 ISO&CE 认证。我们针对市场上主要种类的水果，从剥皮机到榨汁机有多种机械产品。

关于你的询盘，我们有柚子果粒分离机，但是没有葡萄去籽机。我给你发一个视频，你可以看到我们生产的柚子果粒分离机的效果。

此外，这台机器的最小产量是每小时 1 吨。你能告诉我你希望的产量吗？

最后，请访问我们的公司网站，你可以获取更多的信息。若有更多的需求，请告诉我。

最美好的祝愿。

Emeline

上面的这个询盘首回复内容全面、条理清晰。但是这个询盘首回复中的一个词容易引起客户的困惑，就是 grapefruit。这个词从字面上看似乎是葡萄的意思，但是其实是柚子的意思。由于这个词本身容易引起混淆。客户把 grapefruit 理解为葡萄了，于是产生困惑并回复如下。

Dear Emeline,

You have mentioned that you have grape separation machine but you don't have grape seeds removing machine. Is it self-contradictory? Why?①

The capacity we need is 1 ton per hour. ②

By the way, if you have the two machines in stock, may I see them in your factory?I plan to make a visit from March 3rd to March 6th.③

Best regards,

Sabri

亲爱的 Emeline，

你说你们有葡萄分离机但是又说没有葡萄去籽机。这不是自相矛盾

> 吗？为什么？①
>
> 　　我们需要的产量是每小时 1 吨。②
>
> 　　另外你们是不是有 2 台机器的库存？我计划在 3 月 3 号到 6 号去你们工厂参观③。
>
> 最美好的祝愿。
>
> Sabri

二、引导沟通的思路

前面这个案例是跨境电商 B2B 询盘业务中经常遇到的情况，客户仔细阅读了业务员的回复，并尽可能地回答了业务员提出的问题，但是客户本身尚存疑问。这种情况之所以是经常遇到的情况，是因为跨境电商 B2B 交易的通常是大宗产品或批发性质的产品，涉及的情况往往比较复杂。客户存在的疑问可能涉及产品质量、产品数量、支付方式、运输方式等方面，当然可能还有文字上的问题。因此对客户进行引导沟通时，应遵循以下通用的回复思路。第一，分析客户关心的问题，并分列出这些点。第二，列出需要额外和客户交流的内容，也就是业务员还有什么问题需要向客户确认或者需要向客户传达。例如，对于机械制造行业，常见的是客户所在国家的电压、频率、相位等问题。业务员向客户传达的信息可以涉及多个方面，但是传达的每条信息一定要有目的，要思量每句话会给客户产生怎样的影响。第三，对照前两点一一进行回复。图 3-11 给出了引导沟通时通用的回复思路。

01 分析客户关心的问题 → 02 列出需要额外和客户交流的内容 → 03 对照前两点一一进行回复

图 3-11　引导沟通时通用的回复思路

按照这个回复思路，我们对上述案例进行分析，如图 3-12 所示。

```
1. 客户关心的问题：
① 关于机器本身：你们公司究竟有没有葡萄去籽机。
② 关于需要的产量。
③ 关于参观工厂的问题。
2. 需要额外和客户交流的内容：
关于邀请函的问题。
3. 对照前两点一一进行回复。
```

图 3-12　案例分析

按照这个思路，Emeline 的回复如下。

Dear Sabri,

Sorry for the confusion that has been caused to you.

So let me clarify every point one by one.

1. About pomelo separation machine and grape seeds removing machine.①

The word grapefruit I used actually refers to pomelo. Because in our computer translation system, grapefruit means pomelo and not refers to grape. So the video I sent to you is for pomelo grain separation machine not for grape. In our factory we have pomelo grains separation machine but we don't have grape seeds removing machine.

2. About the capacity.②

The capacity 1 ton per hour is OK. It is the smallest volume we have.

3. About your visit.③

Welcome to visit us. We have pomelo grains separation machine in stock but don't have grape seeds removing machine. Do you need us to open invitation letter for you？ If you need, please tell us and we can help.

Looking forward to your kind reply.

Best regards,

Emeline

亲爱的 Sabri,

　　对不起。我的回复引起了你的一些困惑。让我一一地向你澄清。

　　首先，关于柚子果粒分离机和葡萄去籽机的问题。①

　　这个单词 grapefruit 指的就是柚子。因为我在计算机的翻译系统中查到这个词的意思是柚子而不是葡萄。所以我给你发的视频是柚子果粒分离机而不是葡萄去籽机。我们工厂有柚子果粒分离机而没有葡萄去籽机。

　　第二，关于产量的问题。

　　产量每小时 1 吨是可以的，我们最小的产量就是每小时 1 吨。②

　　第三，关于参观工厂的问题。

　　欢迎来访，我们的柚子果粒分离机有库存但是我们没有葡萄去籽机，所以你来的话就只能看到一台机器。③另外你需要我们为你开邀请函吗？如果需要可以告诉我们，我们会帮助你。④

　　期待你的回复。

最美好的祝愿。

Emeline

　　分析：该业务员的整个回复逻辑思路完整、清晰。首先，在整个回复中业务员分别在①②③中对应回复客户关心的三个问题。其次，邀请函的问题是业务员需要额外和客户交流的内容④。最后，在整封邮件中业务员处处表现得很有礼貌，一开始就为给客户造成的困扰道歉，而且对客户计划来访表示欢迎。整个回复干净、利落、不拖泥带水。引导沟通的回复的方法不止一种，业务员在回复之后，一定要站在客户的立场重新审视这封邮件是否还有修改的空间。例如，这封邮件中的邀请函部分，更加有经验的业务员可能会写："我们公司每个月都要开出几张邀请函，如果有需要的话，我随时都可以发送给你。"这样可以增强客户和业务员合作的信心。

三、引导沟通的黄金 5C 原则

跨境电商 B2B 询盘的引导沟通环节应该特别注意遵循 5C 原则，如图 3-13 所示，即 Complete（完整）、Confirm（确认）、Concise（简洁）、Courtesy（礼貌）、Correct（正确）。上面的引导沟通案例中业务员的回复就是遵循 5C 原则来撰写的。

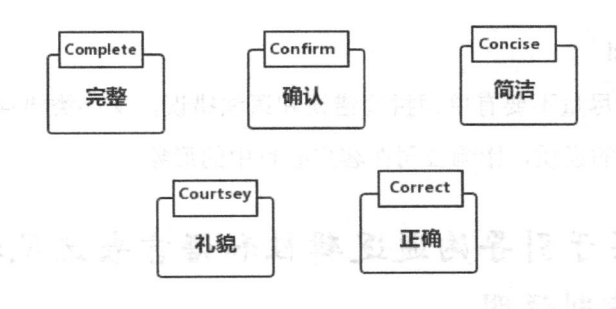

图 3-13　5C 原则

1. Complete

在引导沟通中业务员应该尽量针对客户关心的每个问题进行有效回复，可以用数字 1、2、3，Firstly、Secondly、Finally，Regarding、With reference to、About，One side、The other side 等表达方式把客户关心的问题一条条地列清楚，然后一一进行回复。

2. Confirm

如果 Complete 强调的是完整地回答客户所提出的问题，为客户答疑解惑，那么 Confirm 指的就是向客户确认你还有什么问题（需要客户向你澄清或解释）。在前面的案例中，业务员提出关于邀请函的问题，其实就是在向客户进行确认。

3. Concise

Concise 是指语言表达要尽量简洁，能用一句话就不要用两句话。虽然语言简洁与否并不影响客户对询盘的理解,但是它可以影响客户对业务员素质的判断。

4. Courtesy

在前面的案例中,业务员写道:"对不起。我的回复引起了你的一些困惑。"这是很有礼貌的表现,能留给客户一个好的印象。

5. Correct

在回复时尽量不要有单词拼写错误和语法错误,文字类错误会使客户怀疑业务员自身的素质,影响公司在客户心目中的形象。

四、关于引导沟通逻辑性和语言表达风格的特别说明

1. 逻辑性

在引导沟通的过程中,特别需要指出的是,随时都应该注意逻辑性问题。在回复过程中,业务员的语言表达应该尽量有逻辑性,这体现在回复的层次性和语句之间关系的表达上,如转折关系、承接关系、递进关系。业务员可以用不同的表达来表现不同的逻辑关系。

(1)段落的逻辑层次

a. 序号 1,2,3,4…

b. 序号①,②,③,④…

c. 表示顺序的序数词 Firstly, Secondly, Finally 等。

(2)内容的层次性

a. About, Referring to, With reference to, Regarding;

b. One side, The other side.

（3）语句间的递进、转折关系

a. 递进关系：Furthermore, Moreover。

b. 转折关系：However, But。

2. 语言表达风格

在语言表达风格上，一直有两种观点。有人认为应该严谨，有人认为可以比较随意。因为外国客户，尤其是北美洲或非洲等国家的客户一般都很随意，所以回复时不需要太严格死板。其实，这两种观点并不是矛盾的。外国客户有时是很随意的，但是随意不代表随便。若要让客户购买你们公司的产品，作为业务员必须拿出专业、负责的态度，认真而有条理地回答客户的每个问题。逻辑性和条理性能够很好地体现出一位业务员自身的素质和修养，也能让客户增强对业务员所在公司的正面印象。因此，在回复上坚持严谨的态度是没有错的，至于表达风格，可以根据客户表达的习惯和方式进行调整。

五、实操

（一）假如你在一个办公家具的公司做外贸工作。现在有客户通过你们公司的跨境电商 B2B 平台向你发起了一个询盘，咨询你们公司的办公椅的情况，询盘内容如下。

Dear Anna,

I would like to buy some office chairs. Could you please tell me the price of this model as the attached picture?

Best regards,

Tom

亲爱的 Anna，

  我想买一些办公椅。请告诉我附件中的这款椅子的价格。

  最美好的祝愿。

Tom

  你及时对客户进行询盘首回复，内容如下。

Dear Tom,

Thank you for your inquiry about our office chair.

Our company ×××.

Could you answer me the following questions so that I can quote:

1. How many chairs would you like to buy? Because quantities will affect price.

2. For this model of chair we have two kinds. One is height-adjustable type and the other is height-non-adjustable type. Which one do you prefer?

3. Also we have different colors, white and brown and green. Which color do you like?

I look forward to your kind reply.

Best regards,

Anna

亲爱的 Tom，

  谢谢你对于我们公司办公椅所发来的询盘。

  我们公司是×××（公司介绍）。

  为了能够向你报价，请你回答接下来的一些问题，好吗？

  1. 你需要多少把椅子？因为购买的数量会影响价格。

  2. 这款椅子有两种类型，一种是高度可调节的，另一种是高度不可调节的，你喜欢哪一种？

3. 这款椅子，我们还有白色、棕色、绿色三种颜色，你喜欢什么颜色？

期待你的回复。

最美好的祝愿。

Anna

客户的回复如下。

Dear Anna,

Thank you for your reply.

Please see the answers below:

1. How many chairs would you like to buy? Because quantities will affect price.

30 pieces.

2. For this model of chair we have two models.One is height-adjustable type and the other is height-non-adjustable type. Which one do you prefer?

15 adjustable pieces and 15 non-adjustable pieces.

3. Also we have different colors, white and brown and green. Which color do you like?

White for 15 pieces and brown for 15 pieces. By the way, do you accept color custom design?

I look forward to your kind reply.

Best regards,

Anna

亲爱的 Anna，

　　谢谢你的回复。

　　我的回答如下；

1. 你需要多少把椅子？因为购买的数量会影响价格。

30 把椅子。

2. 这款椅子有两种类型，一种是高度可调节的，另一种是高度不可调节的，你喜欢哪一种？

15 把高度可调节的，15 把高度不可调节的。

3. 这款椅子，我们还有白色、棕色、绿色三种颜色，你喜欢什么颜色？

15 把白色的，15 把棕色的。

另外你们公司接受颜色定制吗？

期待你的回复。

最美好的祝愿。

Tom

请就以上背景材料，给 Tom 写封邮件，进行进一步的引导沟通。

（二）假如你们公司是做竹制品批发的外贸公司。一位新西兰客户在跨境电商 B2B 平台上给你写邮件索取公司的产品目录。通过访问客户公司的网站，你了解到该客户在新西兰专营一个小型生活家居用品的卖场。你给客户发过去产品目录后，半个月后，你收到了客户的回复，具体内容如下。

Dear Ella,

Nice day!

I am interested in the bamboo basket Model-19211.May I know what the price is for this model and how about the minimum ordering quantity?

A more complicated problem! Could you please tell me if the bamboo you use for making the basket has gone through any germicidal treatment?If so, what are the specific procedures you use?You know New Zealand is a country with strict custom examination.I need a paper proof from your company to certify you have adopted necessary procedures to avoid any possibility of insects existing in the bamboo.Is that possible?

Hope for your soon reply.

Yours sincerely,

Morroto

亲爱的 Ella,

  美好的一天！

  我对型号为 19211 的竹筐感兴趣，请问现在这个型号的价格是多少？最低订购量如何？

  一个更复杂的问题！你们用来制作竹筐的竹子是否经过了杀菌处理？如果是，处理的具体流程是什么？新西兰是一个海关检查很严格的国家。我需要贵公司的纸质证明以证明你们已采取必要的程序，以避免竹子中存在昆虫的可能性。

  希望你早日答复。

此致

Morroto

  请尝试给该客户回复并进行引导沟通。

第五节　跨境电商 B2B 询盘之报价

思考：
1. 跨境电商 B2B 业务中的报价策略有哪些？
2. 跨境电商 B2B 业务中的报价方式有哪些？

上一节主要介绍了跨境电商 B2B 询盘之引导沟通。对于有回复但还有问题的客户，业务员需要对其进行引导沟通。而对于所需产品型号已经确定的客户，业务员通常应该进行报价了。这里有三种情况，第一种情况，业务员和客户进行反复沟通，最后客户没有问题，要求报价；第二种情况，业务员和客户仅进行一次沟通，客户很好地回答了所有问题，这时业务员可以给客户报价；第三种情况，客户直接选定产品型号，要求报价。这就是本节要介绍的跨境电商 B2B 询盘之报价。

一、跨境电商 B2B 询盘报价的含义和方法

（一）跨境电商 B2B 询盘报价的含义

跨境电商 B2B 询盘报价是指业务员针对客户所发来的询盘，根据产品的价格和交易条款（如保险、运输、支付、发货等）做出的回复。

（二）跨境电商 B2B 询盘报价的方法

1. 简单报价单法

常见的报价形式是报价单，报价单通常以电子文档的形式存在（格式

有.ppt、.doc、.xls 等）。在报价单上，产品的价格和交易条款将被一一列出，通过邮件发给客户。有的业务员在报价时，只给客户发送报价单，这样的报价方法过于简单。除非客户要求迅速报价，其他情况下不建议使用该方法。

2. 正规报价信附报价单法

建议业务员进行报价时，能够把具体产品的参数和交易条款写到邮件中，然后连同报价单一起发给客户，这样会给客户带来方便，把报价单一并发出，更方便客户保存。

二、跨境电商 B2B 询盘报价之案例分析

（一）案例背景

某家筛分机械厂收到一个询盘，客户想要一台方形摇摆筛，业务员 Kelly 负责本次询盘，Kelly 的报价方法很值得学习。具体询盘沟通及报价情况如下。

1. 客户的询盘

客户的询盘如下。

Kelly,

Could you please send me a quotation for TYFY model Square Swing Screen Model: 2TYFY1066*2540 as you have recommended to us.

Thank you!

Best regards,

Kevin

Kelly,

你能够给我报出你给我们推荐的 2TYFY1066*2540 型方形摇摆筛的价格吗？

谢谢！

最美好的祝愿。

Kevin

2. 询盘报价方法一

很多业务员在处理这样的询盘时，会做出如下的回复。

Dear Kevin,

Attached please find the quotation sheet for you with detailed parameter.

Best regards,

Kelly

亲爱的 Kevin,

兹附上带有详细参数的报价单一份，请查收。

最美好的祝愿。

Kelly

3. 询盘报价方法二

Kelly 做出如下报价。

To:Kevin Subject:Re:RE:21 September/Quotation for Square Swing Screen machine/Kelly（邮件主题）

Dear Kevin,

Deeply appreciate your kind inquiry!

After discussing with our engineer, we have made the following model selection:

Machine's info:

Name: TYFY model Square Swing Screen

Certificate: CE&ISO 9001:2010

Model: 2TYFY1066*2540

Layer: 2 decks

Size(Length×Width): 42"×100"(1066mm×2540mm)

Mesh size: 70 mesh

Material: Contacting part by Stainless Steel 304, other part by Carbon Steel

Voltage: 400V, 50Hz, 3phase

Power:3kW

Exciting force:15kN

Rpm:190±5

Screen box stroke:63.5mm

Weight:2400kg

Size(L×W×H): 3490mm×1400mm×1120mm

Trade info:

1.Unit price: USD 19000 FOB Qingdao.

2.Delivery time: 20 days after prepayment.

3.This shipping port : Qingdao port of China.

4.Sailing schedule: 20 days.

5.Payment term: 40% T/T prepayment before production, 60% T/T balance before shipment or L/C at sight.

Enclosed our product catalogue with more info about machine.

Best regards,

Kelly

To:Kevin Subject:Re:RE:21 September/Quotation for Square Swing Screen machine/Kelly（邮件主题）

亲爱的 Kevin,

　　非常感谢你的询盘!

在和我们工程师讨论之后，我们做出如下报价：

机器信息：

名字：TYFY 型方形摇摆筛

认证：CE&ISO 9001:2010

型号：2TYFY1066*2540

层数：2 层

尺寸（长×宽）：42"×100"（1066mm×2540mm）

筛网尺寸：70 mesh（70 网格）

材质：与物料接触部分为不锈钢 304，其他部分为普钢

电压：400V，50Hz，3phase

功率：3kW

激振力：15kN

每分钟转速：190±5

筛箱行程：63.5mm

重量：2400kg

体积（L×W×H）：3490mm×1400mm×1120mm

贸易信息：

1. 单价：青岛离岸价 19000 美元。

2. 发货时间：收到预付款后 20 天。

3. 发货港口：中国青岛。

第三章　跨境电商 B2B 询盘业务处理

4. 海上航行时间：20 天。

5. 付款条件：40%（电汇）在生产前预付，60%（电汇）在发货之前支付或信用证支付。

兹附上这个产品的产品目录一份以便你获得更多的信息。

最美好的祝愿。

Kelly

（二）案例分析

上述询盘中的两种报价方式中，第二种方式就是本书建议的报价方式。第一种方式过于简单，容易给客户一种敷衍了事的感觉。

第二种报价方式的优点如下。

（1）精准表达的主题：主题让客户一目了然，报价、报价的时间和报价人都一览无余。

（2）报价的参数部分：报价的参数部分是所售产品的参数，包括产品名称、功率、重量、体积等。业务员不仅写上了常规的参数，而且将产品通过的认证等要素也写了上去。这不仅体现了业务员的细心，更体现出业务员很好地揣测了客户的心理，将客户可能会关心的内容在报价中体现出来。

（3）报价的交易条款部分：报价的交易条款部分包括单价、发货时间、发货港口、付款条件等。难能可贵的是，业务员将这批货在海上可能的航行时间都写了出来。这样的报价方式不仅可以方便客户在打开邮件的第一时间看到报价，而且会给客户留下非常好的印象。如此的业务服务态度，会让客户联想到业务员所在公司的正规和专业，进而增强与该公司进行交易的意愿。

第二种报价方式的缺点如下。

业务员没有附上产品的报价单，以便客户保存。凡是正规的公司都需要报价单存档，显然只在邮件界面进行报价，客户是不太容易进行保存的。

三、跨境电商 B2B 询盘报价策略

好的报价单、精良而用心的报价回复虽然重要，但是在商业环境中，产品价格本身却是客户关心的重中之重。如果公司的产品采用统一的售价，或者采用不同地域统一的售价，那么报价就相对简单。如果公司的产品是非标产品或者没有统一的售价，这种情况建议业务员一定要谨慎报价。报价太高，容易失去客户；报价太低，客户不敢冒险与你交易。如何合理报价？本书给出以下建议。

（一）考虑客户的购买意愿

认真分析客户的购买意愿，了解他们的真正需求，才能拟出一份有的放矢的报价单。有些客户将价格低作为最重要的因素，一开始就报给他接近你的底线的价格，获得订单的可能性就大。广州市某进出口公司的曾先生说："我们在客户询价后到正式报价前的这段时间，会认真分析客户真正的购买意愿，然后才会决定是给他们尝试性报价（虚盘），还是正式报价（实盘）。"

（二）了解市场行情

由于市场信息透明度高，市场价格变化迅速，因此，卖家必须依据最新的行情报出价格——"随行就市"，买卖才有成交的可能。现在一些正规的、较有实力的外国公司在中国都有办事处，对中国国内外行情、市场环境都很熟悉。这就要求业务员自己也要信息灵通，所以业务员要经常收集市场价格。同时，对于长期经营专一品种的专业公司的业务员来说，不但要了解这个行业的发展和价格变化历史，而且要对近期的价格走势做出合理分析和预测，这样才能做到合理报价。

（三）客户自身的实力

在报价前业务员要用各种方法尽量了解客户的情况，如通过搜索引擎或

者社交媒体等方式了解客户的经济实力。对于有实力的大型终端客户报价可以高些，对于小型终端客户就要十分慎重，价格不能报得太高。对于贸易公司，不管是大型贸易公司还是小型贸易公司，为了赚取差价，他们普遍会有压低价格的倾向，因此报价时需要考虑这一特点，合理报价。

（四）客户所来自的国家特点

客户来自全世界不同的国家。一般来说，来自欧美国家的客户，会普遍比较关心产品的质量，一般不会只看重价格而忽略质量。只要业务员让客户了解到自己公司的实力，客户就可能接受较高的价格。但是来自非洲国家的客户则不然，来自非洲国家的客户将价格看得很重，他们对产品的质量要求不高，因此给他们的报价一般要低一些。来自亚洲国家的客户，他们普遍具备较丰富的商业经验，因此会衡量质量和价格的合理性，通过这种途径来买到质优价廉的产品，而且喜欢讨价还价。对于这样的客户，报价既不能太高，又要留出一点余地。

（五）客户的技术要求

对于要求量身定制产品的客户或者对产品的技术方面要求较高的客户，他们通常更介意产品的技术条件能否被满足。如果业务员了解这样的技术条件其他的厂家很难达到，就可以争取价格上的主动权，适当将价格抬高，只要在客户的期望范围之内，交易是有希望达成的。例如，英国客户需要一台特制的振动玻璃液压式的振动平台以测试玻璃的坚固性，这种产品在中国基本没有厂家有生产先例，在客户的要求下河南新乡的某振动机械厂的工程师专门设计出了方案。客户对于设计方案非常满意，于是在报价环节，即使产品价格高些，客户也没有提出异议，该订单顺利成交。

（六）公司实力和产品的质量

如果业务员对公司和产品有信心，也不用一味地以低价来取悦客户。业务员在报价时要尽量专业，在报价以前或报价中要提一些专业性的问题，显示自己对产品或行业很熟悉。在与新客户打交道时，让客户了解自己公司的情况很重要。例如，请他们参观工厂，让他们了解自己公司的运作程序等，这样客户下单时就容易下决心。业务员要善于应用公司的介绍文档或者公司产品所通过的认证，这些都是公司实力的标志。

（七）交易条件

在报价时，业务员要选择适当的价格术语，根据合同中的付款方式、发货时间、运输条款、保险条款等要素与客户磋商，掌握主动权。在现在出口利润普遍较低的情况下，对贸易全过程每个环节的精打细算比以往任何时候更重要。国内有些卖家的外销利润不错，他们的做法是，在对外报价时，先报FOB（离岸价），使客户对本公司的产品价格与其他公司进行比较，再报CIF（成本加保险费加运费），并坚持在国内市场安排运输和交纳保险。这样做，不但可以给客户更多选择，而且在运输费和保险费上卖家还可以有一定的利润。

四、应对客户讨价还价的方法

报价后，有的客户可能会直接接受价格，有的客户可能会讨价还价。面对客户的讨价还价，业务员应该如何与客户进行沟通呢？无外乎有三种策略：第一，不降价；第二，稍微降价；第三，大幅降价。业务员采取何种策略取决于多种因素。第一，不降价，就要给出不降价的理由，如可以从成本、质量、利润、技术等方面来谈，让客户相信这个价格是非常合理的。同时要能从客户的回复中感受客户希望降价的急切度。例如，有的客户说价格高得不能接受，在你追问的情况下，他才回复。那么你们的价格可能确实比市场价格高，在这种情况下坚持不降价会导致客户流失，因此可以适当降价。可以采用 3、2、1 的降价方法，先降价 3%再降价 2%，最后降价 1%。这样慢慢降价会让客户觉得你们的利润空间并不是很大。如果一下降价 5%，会让客户觉得降得太快，可能还有更大的降价空间。而第三种情况一般不建议采用，因为大幅度降价往往会让客户觉得你的报价没有诚意。

五、应对客户讨价还价的案例分析

（一）案例一

下面来看下 Kevin 在收到 Kelly 的报价后如何和 Kelly 进行讨价还价，以及 Kelly 是如何应对的。

Kevin 讨价还价的邮件内容如下。

Dear Kelly,

We really want to order with you, but your price is higher than what we expected.

Please kindly give me your best price then we can arrange to place the order soon.

I'm looking forward to hearing from you soon.

Kevin

亲爱的 Kelly,
　　我们很想在你们公司下单,但是你们的价格比我们预期的价格高了。能不能给我一个最优惠的价格,以让我们能够很快下单。
期待着你的回复。
Kevin

　　　Kelly 的回复如下。

Hi Kevin,

I'm glad you're willing to cooperate.

For the price, I am sorry, that's really our best offer.

Actually, we don't know how much other companies have quoted, but I assure you that nobody can quote lower price than us based on this same quality and material. We don't want to make any kind of short cuts on quality and specification to meet your target, as we have to guarantee that our products quality and workmanship meet all international standard. So please kindly understand. Thank you very much.

Kelly

你好 Kevin,
　　很高兴你愿意合作。
　　对于这个价格,抱歉,这已经是我们能够提供的最低报价了。
　　事实上,我们不知道其他公司给你们的报价是多少,但是我确信对于同样的质量和材质,不会有人能够比我们的报价更低了。我们不想因为价格问题在质量和规格上做任何牺牲,因为我们的产品质量和做工必须满足所有的国际标准。所以请你理解。非常感谢。
Kelly

110

案例分析：这个回复显然属于第一种情况——不降价。不降价就要说出不降价的理由，这位业务员很好地践行了这个原则。业务员不降价一定要基于对市场价格的了解和对产品利润和成本的了解，如果真的没有降价空间，一定要拿出真诚的态度告诉客户。

（二）案例二

接下来再来看这样一个案例。

Kevin 讨价还价的邮件内容如下。

Dear Kelly,

You give me a crazy price, I know ××× company who produces a similar product, they give me 30% less than the price you gave me.

Kevin

亲爱的 Kelly,

你给了我一个疯狂的价格。我知道×××公司生产和你们公司相似的产品。他们给我的价格比你给我的价格低 30%。

Kevin

看到客户这样的回复，如果业务员对公司产品的价格很清楚，会知道降价 30%是不可能的。此时就要给出客户明确的立场和态度。这里给出两种回复方式。

方式一：

Dear Kevin,

I am not astonished to hear that you can get a much lower than us, because as far as I know about this market, the quality and technology should be on the same level with us.

111

The price we give has almost reach our bottom line. I tried to get a 3% discount from our boss. Hope this will make you satisfied. Please note. I have tried my best.

Kelly

亲爱的 Kevin,

听到你能得到一个比我们低得多的价格,我一点都不惊讶,因为就我对市场的了解,他们的产品质量和技术和我们根本不在一个水平线上。

我们给你的价格已经达到我们的底线了。我从老板那里争取了 3%的折扣,希望能够使你满意。我已经尽了最大的努力。

Kelly

方式二:

Dear Kevin,

According to our company's policy, only annual purchasing amount reach 500 pieces, we can only give a 3% discount. I report your case to our top management and tried to get this discount for you due to our long term relationship.

Kelly

亲爱的 Kevin,

按照我们公司的政策,当年采购量达到 500 件时,我们可以给 3%的折扣。我把你的情况向领导汇报了,鉴于长时间的合作关系我们可以给你 3%的折扣。

Kelly

案例分析:这是一个很难处理的情况。30%的市场差价,也许客户在故意夸张,也许是真的。如果是真的,通常客户不再会和业务员联系。但是如果

第三章　跨境电商 B2B 询盘业务处理

你是一位深谙市场行情的业务员，你坚信你的报价是合理的，就应该找出理由来捍卫自己的立场。不卑不亢的态度是方式一的最大特点，方式二则充分体现出了业务员的诚意。

六、实操

请利用网络、书籍调查跨境电商 B2B 公司所用的电子版报价单的格式、设计要素和风格，结合自己公司的产品或者自己所感兴趣的产品，如手机、眼镜、婚纱、地球仪等，制作一个电子版的英文报价单。这个报价单的格式可以是.ppt、.xls、.doc。其参数部分可以从自己公司内部获取，或者从淘宝、天猫、京东等网站获取。

注意：高质量的电子版英文报价单的制作要素如下。

（1）报价单的基本要素：公司名称、公司联系方式、公司 Logo、报价时间、产品名称、图片、参数、单价、采购量、总价、折扣（如果有）、交易条款（发货时间、付款方式及付款时间、保险、售后服务等）、报价有效期等。有的公司在报价单上会附上过往工程案例或更多的产品图片以展示公司的实力，这种方式也是一种选择。但是如果要展示的素材较多，为了避免报价单显得烦琐，也可以选择将这些工程案例或更多的产品图片作为单独的附件附上。

（2）报价单设计的美观因素：产品图片的质量、表格设计的色彩、报价表格的布局、表格文字的格式等。

第六节　跨境电商 B2B 询盘之跟踪

思考：

1. 跨境电商 B2B 业务中报价前客户不回复的原因是什么？
2. 跨境电商 B2B 业务中报价后客户不回复的原因是什么？

我们已经学习了对于有回复但还有问题的客户应该如何进行引导沟通，对于有回复且没有问题的客户应该如何进行报价。本节要学习的内容是对于没有回复的客户应该怎样进行跟踪。

一、跟踪情况分类

在跨境电商 B2B 业务中，由于多种原因，客户可能对业务员的回复不予理睬。这种情况下，很多业务员的本能反应就是"跟踪"。但是在进行客户跟踪之前，业务员首先应该分析"客户为什么不和我联系了？"，进行有针对性的跟踪。如果不分析清楚原因就盲目跟踪，可能达不到预期的效果。客户不回复的情况可以分为报价前不回复、报价后不回复、成交后不回复三种情况。而每一种情况又可能有若干不同的原因。

（一）报价前不回复

这种情况是，某客户给业务员发送询盘之后，业务员和客户沟通，在报价之前，客户突然不回复了。这时，客户不回复的原因可能如下。

（1）客户工作繁忙，一时没有时间顾及此事。

（2）客户休假。

(3)客户只是简单询问,备后续之需。

(4)其他公司捷足先登。

(二)报价后不回复

这种情况是,业务员向客户报价后,客户不再回复。此时客户不回复可能有以下4个方面的原因。

(1)客户认为价格高,在思考。

(2)客户认为价格高,放弃交易。

(3)客户在进行供应商之间的比较。

(4)客户向上级递交了报价,等待批复。

(三)成交后不回复

与老客户维持良好的关系是往往是一个公司,尤其是生产可重复购买和消费产品的公司的重中之重。因此,跟踪老客户是非常重要的。出于售后服务或者促进新订单成交的需要,业务员需要及时地跟踪老客户。成交后老客户不回复的原因可能如下。

(1)客户在很长一段时间内不再需要类似的产品。

(2)客户对公司的产品质量不认可。

二、报价前如何跟踪客户

报价前不回复的四种原因在上文已经给出。接下来分析在每种可能的情况下业务员应该如何跟踪客户。

第一种情况,客户工作繁忙,一时没有时间顾及此事。

业务员在和客户的交流过程中,通常可以从客户的身份、交流的语气、交流的内容判断出这位客户是不是很忙。有的客户在回复时会写道:"I will have a trip tomorrow." "Sorry, I just had a meeting." "I am dealing with two projects meantime these days." 这类客户显然是比较忙的。在这种情况下，业务员应在跟踪时，尽量以理解的语气来问候，尽量为客户着想，让客户对你产生好感。示例如下。

Hi John,

Have a beautiful day.

It has been a few days since I sent you the drawing revised by our engineer newly according to your requirements. One day after the drawing being sent, I wrote you an email as a reminder but unfortunately I haven't got any reply so far. From conversation with you, I know you have a busy schedule. But still have to contact you as I bear in my mind that you said you hope to speed up this project and it is better that the project can be completed before the Christmas day of this year.

Hope for the earliest feedback from you. Thank you!

Best regards to all your family.

Kelly

你好 John,

　　祝你拥有美好的一天。

　　我发给你我们工程师根据你的要求修改过的图纸已经几天了。在我给你发过图纸一天后就给你写了一封邮件以做提醒，但是很遗憾到现在为止我没有收到你的回应。从和你的谈话中我了解到你日程繁忙，但是我仍然想联系你，因为我记得你曾经说过希望加快该项目的进度，最好能在今年圣诞节之前完成。

　　希望尽早得到你的回复。谢谢！

向你的家庭致以问候。
Kelly

第二种情况，客户休假。

业务员发现客户不回复，可以先去网上查看该国家重大节日的信息，也可以根据客户透漏的信息判断该客户是否要休假。示例如下。

Dear Kevin,

Hope everything is fine with you.

I left message on WhatsApp recently but always no response. I am wondering if you are going on holiday. When it comes to Christmas time, there are usually some holiday arrangements. It is understandable. When it is convenient for you, could you please tell me when we can resume project negotiation? I believe the earlier you use our machine, the more economic benefits you can get.

Thank you for your attention!
Kelly

亲爱的 Kevin,

希望你一切都好。

我在 WhatsApp 上给你留言但是一直没有回应，我在想你是不是去度假了。临近圣诞节，经常会有度假的安排，这是可以理解的。是否可以告诉我什么时候我们可以再开始项目商谈，我相信你越早使用我们的产品，就越早能够获取更多的经济效益。

谢谢你的关注！
Kelly

第三种情况，客户只是简单询问，备后续之需。

简单询问的客户的询盘行为和语言表达都比较直接，这类客户往往通过群发的方式询盘，例如发送某款产品的图片直接询问价格。在面对业务员抛来的产品选型问题时会显得对要购买什么样的产品没有概念，也不愿意和业务员过多交流。跨境电商 B2B 询盘系统通常可以直接查出某个询盘是客户单独发送的还是群发的。对于这类客户，业务员不必投入太多精力，只需定期发送新品、折扣信息，以及节假日问候即可，业务员可以做如下形式的回复。

Dear Savar,

Thank you for your inquiry on the home-used fur carpet of Blue Sky Textile Company.

As we are on-line wholesaler, the price for single unit is the sample price, which is much higher than wholesale price. This is why I ask you about the specific model you are interested in and the minimum quantity you would like to order. But unfortunately I haven't got reply from you. So now I can only give you the sample price and the price of the most popular models this year at the MOQ 200 pieces. Please keep it for your purchasing plan. When the specific model is decided, please tell me. I will give you the price accordingly.

I look forward to the future cooperation with you.

Best regards,

Kelly

亲爱的 Savar,

谢谢你对于蓝天纺织公司生产的家用毛毯发来的询盘。

因为我们是在线批发商，每一个单品的报价其实就是样品报价，样品的价格是高于批发价格的。这是为什么我问你感兴趣的型号和最低的订购

第三章 跨境电商B2B询盘业务处理

量的原因。但是遗憾的是，我没有从你那里得到回复，所以现在我仅能够给你报样品价格和今年最流行的款式最小起订量200件的价格。你可以保存这个价格做未来的采购计划。当具体的型号能够确定时，我再给你相应的具体价格。

期待与你未来的合作。

最美好的祝愿。

Kelly

第四种情况，其他公司捷足先登。

在和客户的交流过程中，业务员最了解客户的交流效率和专业度，如果业务员感觉自己在产品参数、交易条款、售后服务方面与客户交流时不够专业，那么客户也很有可能会感受到，进而不愿继续交流，而转向其他公司。在这种情况下，业务员可以采取如下回复策略。首先用真诚打动客户，然后用价格、产品的质量、公司的信誉及更加完善的服务等来吸引客户给你回复。示例如下。

Dear Machel,

How are you?

This is Lily to contact you again. From the previous contact with you, I feel that you are a professional buyer in the field of vibration machines. I am still a new salesclerk, comparatively speaking. But luckily I am working with a company with 20 years experience in vibration equipment design and production. Our professional degree can be guaranteed from the following aspects:

1.Rich engineering cases accumulate our confidence in specific engineering custom design. The professional CAD drawing can be designed according to your specific parameter demand.

2.The emphasis on product quality can be seen from the ISO and CE certification we have passed, symbolizing our products manufacturing level has reached international standards.

3.Professional video instruction with the well-translated English edition user book will ensure you have no worry for machine installation and debugging.

4.Since we started our foreign trade business in 1997, our goods has been sold to over 30 countries like USA, Denmark, Australia, Indonesia, Malaysia etc. This prove the acceptance degree of our products worldwide.

Best regards,

Lily

亲爱的 Machel,

最近怎样？

Lily 又和你联系了。从我们之前的接触中我可以感受到你是一位振动机械方面的专业客户。相对而言，我仍旧是个业务新手。但是非常幸运的是，我在一个在振动机械的设计和生产方面拥有 20 年经验的公司工作。我们的专业度可以从以下几个方面得到保证：

1.丰富的工程案例经验使我们在具体工程设计方面更加自信，我们可以根据你的具体参数要求设计专业的 CAD 图纸。

2.从我们已经通过了 ISO 和 CE 认证可以看出我们对于产品质量的重视，这意味着我们的产品制造水平已经达到了国际标准。

3.专业的视频指导和翻译良好的英文版使用手册将确保你在机械安装和调试过程中全程无忧。

4.1997 年以来，我们公司开始从事外贸业务，产品已经销往美国、丹麦、澳大利亚、印度尼西亚、马来西亚等 30 多个国家，这也说明了我们公司产品的国际接受度。

最美好的祝愿。
Lily

三、报价后如何跟踪客户

报价后客户花时间考虑价格是否合适是正常的。这段时间属于敏感期，建议业务员按照如下思路进行客户跟踪。

根据客户不回复的时间长短及可能的原因确定跟踪的策略。通常，当向客户报价 3~4 天后客户没有回复时，只需简单询问客户是否收到你的询盘，表达殷切的合作之情即可，用词不必过重。示例如下。

Hope you are fine, my friend.

It is a regret that we haven't received any information from your side. May I have your idea about our offer for HT Model soccer boy toy? I thought you must be busy as we have talked previously you are at the key position in your company. Could you please find a short time to reply to me despite your busy schedule? I would appreciate if I can receive your feedback. For any possible question you may have, I would be glad to clarify it.

Hope we can build good cooperation with you.

Best regards,

Carrol

希望你一切都好，我的朋友。

非常遗憾我们没有收到你方的任何信息。我可以知道你们对于我们的 HT 型足球男孩的报价是如何考虑的吗？我想你一定很忙，因为之前你曾谈及你在公司关键的位置上。请问能否在百忙之中给我回复？我将十分感谢你的反馈。如果你有什么问题，我也很乐意答疑解惑。

> 希望我们能建立良好的合作关系。
>
> 最美好的祝愿。
>
> Carrol

当给客户发了第一封跟踪信，但是客户仍然没有回复时，客户很可能觉得价格高或者由于其他因素而正在寻找新的供应商。这时，业务员可以以给客户重新发送报价为原因联系客户，一方面保证客户收到报价，另一方面进一步表达诚意，用诚意打动客户。但是如果你们公司的产品属于市场优势非常大的产品，有时轻描淡写地跟踪客户也是一种方案，让客户觉得你们公司的产品很畅销，如果再不回复就可能马上没有库存了，这样激起客户的回复欲望也不失为一种策略。具体选用哪一种策略，还要根据公司的产品属性和市场竞争情况来确定。这里着重考虑第一种情况，参考回复如下。

> Dear Simon,
>
> Wish you have a good day! May I ask if you have received my quote? Because we haven't received your feedback, now I am sending it again. If you have any other ideas, please feel free to contact us. We will try to satisfy you upon receipt of your reply. As we don't want to lose a good customer like you!
>
> Wait for your favorable reply!
>
> Best wishes,
>
> Carrol
>
> 亲爱的 Simon,
>
> 希望你有精彩的一天！我想问一下你是否收到了我的报价，由于没有收到你的回复，所以我又发了一遍。如果你有任何其他的想法，请随时和我们联系。我们将尽力满足你的要求，因为我们不想失去像你这样优秀的客户。
>
> 期待你的回复。

最美好的祝愿。
Carrol

　　如果给客户发了第二封跟踪信，但客户还不回复，最好就直接问客户不回复的真实原因。订单成不成交没有关系，拿出你的诚意，一般情况下客户都会愿意告诉你他不回复的原因。示例如下。

Glad to contact you again!

Have you kindly checked my email? To ensure you have received my quotation, I send it again. But sorry that we still haven't received any feedback from you. I would be appreciated of any answer for my quotations. If you are busy or having to delay the project for any reasons including price, quality or service, please let me know. No matter if it is positive answer, it would be a great help for us to better meet customer's requirement. Further more, it is always good to have a friend in China, right?

Waiting for your favorable reply soon!

Best regards,

Kelly

很高兴再次和你联系。

　　你查看我的邮件了吗？为了确定你收到了我的报价，我又给你发了一遍。但是很抱歉我们还没有收到你的任何回复。如果你能回复我会非常感激。如果你很忙或者不得不推迟项目（由于价格、质量和服务方面的任何原因），请让我知道。不管是否是积极的答案，都会帮助我们更好地满足客户的需求。此外，在中国有个朋友总是好的，对吧？

　　期待你的回复。

最美好的祝愿。

Kelly

123

如果业务员对客户一直用谦逊的态度，但客户仍然没有回复，那么有时业务员可以尝试反激法，利用报价或活动期限给客户一点压力。至于什么时候用这种方法，还要业务员根据产品属性和市场状况来判断。

Hello Simon,

Hope everything goes well!

It is Bella.

We are in receipt of your inquiry dated on ××× and quote you as follows: ×××.

Please kindly check if the price is workable. Because the price will be invalid beyond ×××. Wish we will promote business cooperation.

Best regards,

Bella

你好 Simon,

希望你一切都好。

我是 Bella。

收到你×××日的询盘之后我们给你发送了×××号的报价。

请查看报价是否合适。因为我们的报价在×××之后就无效了。希望我们会达成商业合作。

最美好的祝愿。

Bella

如果如何激励客户都没有效果，业务员也不必过分执着。可以选择最后一次询问客户对所报价产品的意见，并附上公司相关产品目录，告诉客户有需求时再联系，然后记得在重要的节假日给客户发祝福就可以了。

Good day!

My friend, Emeline again.

For my quotation of ×××　you might have received and considered. Could you kindly advise your comments at your earliest convenience?

Enclosed is the newest E-catalog, please kindly check! If there is any item you are interested in, please contact me! I'll be more than pleased to offer the information you want.

Thanks.

I am of service at any time.

Emeline

祝愉快!

  我的朋友，你好。Emeline 再次给你写邮件!

  对于我的第×××号报价你可能已经收到并且已经考虑过了。你能在方便的时候尽早给我你的回复吗?

  兹附上我们最新产品的电子目录，请查收。如果有你感兴趣的产品请和我联系。我会非常乐意提供给你你想要的信息。

  谢谢。

  我会随时为你提供服务。

Emeline

四、成交后如何跟踪客户

  跟踪老客户有多种方法，如果业务员之前已经和客户建立了良好的友谊，对客户的背景、性格及采购过的产品、合作过的项目都有所了解，那么可以以了解产品的使用情况、鼓励进一步合作等原因和客户保持联系。此处着重讨论如何在节假日对客户进行跟踪。在节假日之前给客户发祝福和问候，是良好的增进友谊的方式。

Dear David,

Merry Christmas!

This is Cathy from ××× company. Remember me?

Today is Christmas Day. Wish you a happy Christmas day and a happy new year. I am very pleased that we have had a successful cooperation this year.

Hopefully in the following days, we can further build up friendship. For any more needs, we will continue providing you with satisfactory products and service.

Attached please find a Christmas card specially designed for you. Hope you like it.

Best wishes,

Cathy

亲爱的 David,

圣诞节快乐！

我是×××公司的 Cathy，还记得我吗？

今天是圣诞节。希望你度过一个开心的圣诞节和新年。我非常高兴今年我们有了成功的合作。

希望在以后的日子里，我们能够进一步建立友谊。对于今后更多的需求，我们会继续为你提供满意的产品和服务。

兹附上专门为你设计的圣诞贺卡一张，希望你喜欢。

Cathy

五、实操

某公司于 2019 年 2 月与一个贸易公司的客户成交，客户的名字是 David。产品按时完工，正常经海运发货，业务员通知客户船预计于 2019 年 3 月 17

第三章 跨境电商 B2B 询盘业务处理

日到达目的港，且在发货后已经及时给客户发送了提单、装箱单和商业发票。货到目的港后，客户顺利提货并告知业务员货物已经送达终端客户手中。

于是，业务员写邮件告诉客户，让他的终端客户按照视频资料进行安装、调试，有什么问题可以随时沟通。可是邮件发过去一周了，客户并没有回复。在这种情况下，业务员需要给客户写一封跟踪信，询问相关情况同时希望和客户建立长期的联系。因为 David 手中有大量的客户，所以和 David 建立长期联系对公司的发展很有益处。这次合作，业务员对产品质量非常放心，认为 David 也会对产品质量满意，而且在前期的沟通中，业务员和 David 也建立了良好的私人关系。但是唯一让业务员担心的是，公司所生产的产品在市面上同质化严重，竞争激烈。如何能让 David 愿意和他们公司保持长期合作也是业务员正在思考的问题。请问这封跟踪信应如何撰写？为什么？

第七节 跨境电商 B2B 询盘之
其他贸易条款磋商

思考：
1. 跨境电商 B2B 业务中撰写保险条款时的注意事项有哪些？
2. 跨境电商 B2B 业务中撰写运输条款时的注意事项有哪些？

在业务员报价后，客户有可能直接接受报价，也有可能与业务员讨价还价，价格是跨境电商 B2B 业务中最核心的内容。但是除了价格，报价时所附带的货款收付、包装、运输、保险条款，也可能会成为磋商的关键点。因为跨境电商 B2B 涉及大宗货物贸易，整个交易过程涉及的环节复杂，货款收付、包装、运输、保险这些环节出现问题都可能影响整个交易。本节将着重探讨在跨境电商 B2B 业务中业务员应如何撰写货款收付、包装、运输、保险条款。

一、跨境电商 B2B 货款收付条款的贸易磋商

（一）货款收付的含义

跨境电商 B2B 业务中所使用的货款收付方式其实就是传统国际贸易中的货款收付方式。目前，国际贸易中的货款收付主要有三种方式，即汇付、信用证和托收。

（二）国际贸易中货款收付方式的分类

1. 汇付

汇付是贸易双方收付货款的一种最简单的方式，即买家（进口商）根据

合同规定的条款将货款通过银行汇给卖家（出口商）。汇付的优点是快速、便捷、费用少。但是预付款时对买家来说风险较大，赊销时对卖家来说风险较大。汇付的当事人有汇款人（买家）、收款人（卖家）、汇出行和汇入行。汇付的方式有信汇（M/T）、电汇（T/T）和票汇（D/D）三种。在跨境电商 B2B 业务中，T/T 是使用最广泛的方式。

2. 信用证

信用证（Letter of Credit，L/C）是开证银行依据开证人（买家）的要求和指示向受益人（卖家）开出的在一定金额和一定期限内凭规定的单据承诺付款的凭证。根据是否跟随单据，信用证分为跟单信用证（Documentary Credit）和光票信用证（Clean Letter of Credit）两类，目前国际贸易中多使用跟单信用证。跟单信用证是指凭附带货运单据的汇票，或仅凭货运单据付款的信用证。其货款结算的一般过程是：贸易双方签订供货合同，买家将用于付款的信用证由当地银行（开证银行）发至卖家所在地的银行，卖家依双方供货合同发货并将货运单据（如海运提单、铁路或航空运单）寄给买家，买家在接到货运单据及货物后，经检验无异议后即通知卖家所在地的银行（通常是开证银行的联行或代理行）按信用证条款要求向卖家付款。

3. 托收

托收是指债权人（卖家）开立债权凭证，如汇票、本票、支票等，委托当地银行向债务人（买家）收款的一种结算方式。托收分为光票托收和跟单托收两种，目前国际贸易中通常采用跟单托收方式。跟单托收又分为付款交单和承兑交单两种。若采用付款交单，则卖家的交单以买家的付款为条件，即卖家在委托当地银行向买家收款时，指示当地银行只有在买家付清货款时才能交出货运单据；承兑交单是指卖家的交单以买家在汇票上所做出的承兑为条件，即卖家在按照合同发货后开具远期汇票，并连同货运单据通过当地银行向买家提示，买家审核无误后，立刻在汇票上承兑，买家承兑汇票后即可向银行领取货运单据，在汇票到期日进行付款。

（三）货款收付方式的选择

在跨境电商 B2B 业务中，业务员要根据实际情况选择合适的货款收付方式。对于货值不大的交易，建议业务员选择 T/T 的方式。例如，在合同签订后，买家先付 30%～40% 的预付款；在发货前，买家再付余额。在成熟的跨境电商 B2B 平台上，这种结算方式非常常见。对于货值较大的交易，通常业务员会要求买家先付 30%～40% 的预付款，然后用信用证方式结算余额。但是现实中也有客户因为担心资金安全或国家的资金管制问题，要求全额由信用证的方式付款。只要该国家的银行信用好，这种方式也可以接受。托收方式在跨境电商 B2B 业务中不常用。但是对于长期有业务关系的买家、卖家，托收会起到促进买家资金融通的效果，因此这种方式有时也会采用。为了规避风险，在使用托收的情况下，卖家应该尽量选择先预收一部分款项，余额托收的方式。

（四）常用的货款收付条款的撰写

1. T/T

常用的表述如下。

（1）买家应于 2019 年 1 月 1 日前将全部货款用 T/T 方式预付给卖家。

The buyer shall pay the total value to the seller in advance by T/T not later than 1st Jan. 2019.

（2）买家预付 40% 的货款，工厂发货前，买家再付尾款。

The buyer shall pay 40% of the total value as deposit in advance and pay the balance before the dispatching of goods from the factory.

（3）买家以 T/T 方式支付 30%定金，尾款见提单副本。

The buyer shall pay 30% in advance by T/T and the balance payment against the copy of B/L.

2. 跟单信用证

常用的表述如下。

全额发票金额的、保兑的、不可撤销的、可转让的即期信用证应于装运期前 30 天送达卖家，在中国，其议付有效期为上述装运期后的 15 天。

By 100% confirmed, irrevocable, transferable sight L/C to reach the seller 30 days before the date of shipment and to remain valid for negotiation in China till the 15th day after the final date of shipment.

3. 托收

常用的表述如下。

买家应凭卖家开具的即期跟单汇票于第一次见票时立即付款交单。

Upon first presentation, the buyer shall pay against documentary draft drawn by the seller at sight. The shipping documents are to be delivered against payment only.

4. 信用证和托收结合的方式

常用的表述如下。

60%的货款以不可撤销即期信用证的方式支付，其余 40%货款以托收方式支付，买家见票后 30 天付款交单。按发票金额全部付款后，卖家将全套货运单据发送给买家。

60% of the value of goods by irrevocable L/C at sight and remaining 40% on collection's basis , D/P at 30 days after sight. The full set of shipping documents are to be delivered to the buyer until full payment of invoice value is made.

（五）货款收付条款磋商案例

跨境电商 B2B 小额交易业务中，业务员通常会将惯用的贸易条款直接写入报价单中，以 T/T 结算方式居多。但是对于大额交易，业务员通常要和客户协商货款收付方式，有时客户会主动提出其倾向的付款方式。磋商货款收付条款时，先提出的一方，其邮件通常包含以下三个部分。

（1）开头，提及买卖双方磋商进展和预付款事宜。

（2）正文/主要信息部分，提出关于预付款方式的具体要求，阐述这种要求的具体原因。

（3）结尾，表达期望，希望对方及时回复。

下面以信用证方式为例介绍业务员如何与客户进行货款收付条款的磋商。

1. 业务员要求使用信用证方式作为付款方式

示例如下。

Dear ×××,

We are in receipt of your bid yesterday for ①（对方询盘的主要内容）.However, you didn't mention specific payment terms.

We'd like to tell you that we only accept payment by ②（信用证种类）.Generally speaking, ③（付款方式）is considered to be a reliable and safe method of payment in international trade. It protects the rights and interests of both of us. It is our usual case accept ④（信用证种类）when we do business internationally. We wonder whether you accept this kind of payment.

Thank you in advance for your prompt reply.

Best regards,

×××

2. 客户接受付款方式

示例如下。

Dear ×××,

Thank you for your email telling us about the payment terms, which we forgot to mention in ①（信函种类）.

We accept the payment terms you have offered, that is, we'll make payment by ②（我方接受的信用证种类）. It is true that ③（付款方式） is the safest way of payment and ④（信用证种类）is more favorable to you. Though it will add to our cost, we'll do as you have asked us to. As we need to put a deposit in the bank amounting to the cost of the import, we need ⑤（所需时间）to arrange all the issues concerning the opening of ⑥（信用证种类）.

We'll let you know once we have ⑦（信用证种类）opened.

Best regards,

×××

二、跨境电商 B2B 包装条款的贸易磋商

（一）包装的含义及分类

跨境电商 B2B 业务中产品的包装一般分为运输包装（Transport Packing）和销售包装（Selling Packing）两种。

运输包装又称外包装（Outer Packing）、大包装（Big Packing），其主要作用是确保产品在运输过程中不被损坏。因此运输包装应具有坚固（rugged）、结实（sturdy）、通风（ventilated）、防潮（moisture-proof）、防震（shock-proof）、防漏（leak-proof）、防腐蚀（corrosion-proof）、防失散（anti-lost）和防盗窃（anti-theft）等性能。运输包装分为单件包装（Single pack）和集合包装（Collective pack）。单件包装按照产品外形使用普通箱（box）、袋（bag）、桶（bucket）、篓（basket）、筐（basket）、坛（jar）、罐（can）、捆（bundle）、包（bale）、板条箱（crate）、木板箱（wooden case）、纸板箱（carton）、大玻璃容器（carboy）等；常用的集合包装有集装箱（container）、集装袋（FIBCs）和托盘（pallet）等。

销售包装又称内包装（Inner Packing）、小包装（Small Packing）。它是与消费者直接接触的包装，其作用除保护产品外，更重要的是美化和宣传产品。因此，销售包装应便于陈列和展示，便于识别和使用，同时应具有吸引力，使包装的产品在市场上有竞争力。

为了使产品在运输过程中容易被识别，产品的运输包装上要按规定印制包装标志（Packing Mark）。包装标志分为运输标志（Transportation Mark）、指示性标志（Indicative Mark）和警告性标志（Warning Marks）三种。

（二）包装条款磋商应该注意的问题

跨境电商 B2B 业务中的包装条款主要涉及包装材料、包装方式、包装标志和保护费用等内容。无论是针对报价单还是针对合同中撰写的包装条款，业务员在与客户进行磋商时，通常要注意以下问题。

（1）应根据产品类型和运输方式对包装材料和包装方式做出具体、明确的规定，不能使用含义不清或容易引起争论的语句，必须指明每件产品的重量和数量。

（2）包装费用一般包括在产品价格之内，如果客户提出需要特殊包装，业务员可另计包装费用，由客户承担。

（3）如果由客户提供包装或包装材料，应规定提供的时间和其抵达工厂的最迟时限，以防止因客户不能按时提供包装而造成的工厂不能及时发货的问题。

（4）除统一规定外，运输包装标志一般由卖家设计。如果客户提出自己提供设计，业务员也可以接受，但在合同中应注明客户应在装运期前多少天内提供设计方案，否则业务员有权自行决定。

（三）常用的包装条款的撰写

常用的表述如下。

（1）To be packed in cartons of 1 set each, 500 cartons in one 20'FCL.

（2）In iron drums of 185~190kg net each.

（3）In new single gunny bags of about 100kg each.

（4）36 pairs packed in a carton, size assorted.

（5）Goods are in neutral packing and buyer's labels must reach the seller 45 days before the month of shipment.

（6）36 sets packed in one export carton, each 420 cartons transported in one 20FT container.

（四）包装条款磋商案例

在跨境电商 B2B 业务中，对于常规包装的产品，业务员可以直接将包装条款写在报价单或报价邮件中。如果客户没有异议，无须单独讨论。但是对于某些特殊产品，由于包装的重要性，业务员可以在产品价格议定后专门与客户商议包装事宜。有时有些客户由于进口港口的特别要求等因素也会专门向业务员提出包装要求。在这种情况下，业务员可以尽量满足客户要求。如果客户要求过高，可以在保证货物安全的情况下，维持原有的包装方式。如果客户坚持自己的方案，也可以接受，但是多出的成本部分可以要求由客户承担。阐述包装问题的邮件一般围绕着以下三个部分撰写。

（1）开头，提及买卖双方前期的沟通和产品的包装事宜。

（2）正文/主要信息部分，具体、详细陈述包装要求等。

（3）结尾，表达期望，希望对方及时回复。

下面以客户提出包装要求，业务员回复为例进行说明。

1. 客户提出包装要求

示例如下。

Dear ×××,

We appreciate your email asking about ①（对方邮件询问内容）.

As our products are easily damaged, it is quite necessary to pay special attention to packaging. Also please ②（对方需特别注意的事项）.Frankly speaking, our packaging requirements are quite strict. The details are written in our packing instruction, which is attached. However, I'd like to emphasize the following four points：

（1）The packaging must be strong enough to withstand③（货物可能承受的因素）.

（2）The products are to be wrapped in ××× before being packed in④（包装方式）.

（3）The most important thing is to protect the goods⑤（货物需避免的因素）.

（4）Any loss in transit is to be compensated by ××× company.

We believe you will give special care to the packaging to avoid any possible damage.

Yours sincerely,

×××

2. 业务员回复包装要求

Dear ×××,

Having received your email of ①（对方邮件主题）, we immediately passed your opinions on packing to our ②（与包装问题直接相关的人）.Recently, they have made a number of improvements in packaging. We will also take effective measures to satisfy your packaging requirement.

We have prepared ③（已准备的包装）so as to protect the goods against④（可能遭受的损失）.And also, we give special care to the problem of ⑤（需特别注意的事项）.In sum, we will reinforce packing in order to minimize the extent of any damage to the goods in transit.

If you have any questions, please email me or call me.

Best wishes,

×××

三、跨境电商 B2B 运输条款的贸易磋商

（一）运输的含义及分类

在跨境电商 B2B 业务中，运输是指跨境货物交易中产品由工厂送到客户处所使用的主要交通方式。跨境电商 B2B 业务涉及的运输方式主要以海洋运输（Ocean Transport）为主，铁路运输（Rail Transport）和航空运输（Air Transport）为辅，兼有公路、内河运输、集装箱运输和国际多式联运等。

在国际货物运输中，海洋运输是最主要的运输方式，我国绝大多数进口货物都是通过海洋运输方式运送的。目前，海洋运输量在国际货物运输总量中占 80%以上。海洋运输之所以被如此广泛采用，是因为它与其他运输方式相比，主要有载运量大、运费低等优点。但是海洋运输也存在不足之处。例如，海洋运输易受气候和自然条件的影响，航期不够明确，风险较大。此外，海洋运输的速度也相对较慢。按照船舶的经营方式，海洋运输可分为班轮运输和租船运输两种。

铁路运输是仅次于海洋运输的运输方式。海洋运输的进出口货物，也大多是靠铁路运输进行集中和分散的。

航空运输是一种现代化的运输方式，它与海洋运输、铁路运输相比，具有运输速度快、质量高、不受地面条件限制等优点。因此，它最适宜运输急需物资、生鲜产品、精密仪器和贵重物品。它的缺点是价格昂贵。

（二）运输条款磋商应该注意的问题

在跨境电商 B2B 业务中，无论是报价单、合同中的运输条款，还是业务员和客户就运输问题进行的磋商，主要涉及的内容包括装运时间、装运港（地）和目的港（地）、分批装运和转运、装运通知、滞期和速遣条款等。

装运时间需要具体、明确，如"Shipment during March 2003"，或规定跨月、跨季度装运。这种规定，可使卖家有一定时间进行备货和安排运输。在使用信用证方式的情况下，需要规定在收到信用证后的一定时间内装运。装运港（Port of Shipping）是指货物起始装运的港口。装运港一般由卖家提出，经买家同意后确定。目的港（Port of Destination）是货物最后卸货的港口。目的港则由买家提出，经卖家同意后确定。装运港和目的港可分别规定为一个，也可分别规定为两个或两个以上。在规定装运港和目的港时应注意：装运港或目的港的规定应力求具体明确；不接受内陆城市为装运港或目的港；装运港的具体条件；国外港口的重名问题；选择的港口不宜过多，应在一条航线上等。

（三）常用的运输条款的撰写

1. 装运港与目的港

（1）从中国港口装运往×××。

Despatch/Shipment from Chinese port to ×××.

（2）下面的货物按成本加运费的价格用轮船不得迟于 2019 年 7 月 15 日从中国通过沙特阿拉伯装运到×××。

Shipment from China to CFR by steamer in transit Saudi Arabia no later than 15th July 2019 of the goods specified below ×××.

2. 装船要求

（1）备妥装运：be ready for shipment。

（2）订好舱位：be ready for shipping space booking。

（3）在规定的时间内：within the stipulated time。

（4）提前装运：advance shipment。

（5）延迟装运：postpone shipment。

3. 装船期

（1）提单日期不得迟于 2019 年 8 月 15 日。

Bills of lading must be dated no later than August 15, 2019.

（2）货物不得迟于（或于）2018 年 7 月 30 日装运。

Shipment must be effected no later than(or on) July 30, 2018.

（3）最迟装运日期：×××。

Shipment latest date:×××.

（4）货物在×年×月×日或在该日以前装运/发送。

Shipment/Despatch on or before ×××.

（5）货物不迟于 2018 年 8 月 31 日从中国港口发至×××。

Shipment from Chinese port to ××× no later than 31st August, 2018.

4. 分运与转运

（1）（不）允许分运：partial shipments are (not) permitted。

（2）允许（不允许）分运：partial shipments (are) allowed (prohibited)。

（3）不允许转运：without transhipment。

（4）允许在香港转船：transhipment at Hong Kong allowed。

（5）允许分运，除在×××外允许转运：partial shipments are permissible, transhipment is allowed except at×××。

（6）允许分运/按比例装运：partial/prorate shipments are permitted。

（7）凭联运提单允许在任何港口转运：transhipment are permitted at any port through B/lading。

（8）不允许分批装船：partial shipment not allowed/permitted/acceptable。

5. 装船通知

（1）通知某人：advise/inform/notify sb.。

（2）在×××地方转船：be transshipped (at) ×××。

（3）分批装运：make a partial shipment。

6. 装运单据

（1）×××的装船单据：shipping documents covering ×××。

（2）由×××银行转送：be sent through ××× bank。

（3）空邮：be airmailed。

（四）运输条款磋商案例

在跨境电商 B2B 业务中，运输条款通常会出现在报价单中，对于常规产品，若客户对运输条款没有异议，则沿袭相应条款到合同中即可。但是对于情况比较特殊的产品，业务员可以提前提出运输方案。客户有时也会主动提出运输要求，业务员需要和客户磋商运输条款以确定最终运输方案，超出原有报价的运输费用，应要求由客户承担。阐述运输问题的邮件一般围绕着以下三个部分撰写。

（1）开头，提及买卖双方前期的沟通和产品运输事宜。

（2）正文/主要信息部分，具体、详细陈述运输方式、交货时间、港口信息等。

（3）结尾，表达期望，希望对方及时回复。

下面以客户主动提出运输要求，业务员回复为例进行说明。

1.客户提出运输要求

示例如下。

Dear ×××,

Thank you for your quotation of No. 1920.

Generally speaking it is acceptable with the price, but I have some concerns about the transportation. According to the transportation clause you propose, the shipping time is 30 days after the payment. However, due to Chinese Spring Festival, 30 days would reach 2 days before the spring festival. If Chinese logistics company can't make the transportation work, the good delivery would be delayed to the time after the festival. It is too late for us. So could you please make the delivery one week before the spring festival?So we can pick up the goods earlier at the destination port.

Your quick reply will be highly appreciated.

Good wishes,

×××

2. 业务员回复运输要求

示例如下。

Dear ×××,

Good morning.

I am happy that our negotiation has achieved essential progress.

141

Thank you for pointing out an important problem about transportation, which I should notice earlier. 30 days are the usual time for us to produce the goods, but due to the Spring Festival, I have applied to my boss for adjusting our production scheme to an early time. We will try to finish the production within 20 days after the payment.

Attached please find the revised sales contract. Please sign it and send me a copy.

Yours truly,

×××

四、跨境电商 B2B 国际货物运输保险条款的贸易磋商

（一）国际货物运输保险的含义及其分类

国际货物运输保险，是以国际货物运输过程中的各种货物作为保险标的的保险。国际货物的运输有海洋运输、铁路运输、航空运输等多种途径。国际货物运输保险的种类根据其保险标的的运输方式分为四类：海洋运输货物保险、陆上运输货物保险、航空运输货物保险、邮包保险。

海洋运输货物保险包含三种基本类别。

（1）平安险（F.P.A）：这一名称在我国保险行业中沿用甚久，其英文原意是指单独海损不赔偿。根据国际保险界对单独海损的解释，平安险只赔全损。但在长期实践的过程中，平安险的责任范围有所改变，当前平安险的责任范围已经超出只赔全损的限制。

（2）水渍险（W.P.A）：水渍险的责任范围除"平安险"的责任范围外，还包括被保险货物由于恶劣气候、雷电、海啸、地震、洪水等自然灾害所造成的部分损失。

（3）一切险（All Risks）：一切险的责任范围除"平安险"和"水渍险"的责任范围外，还包括货物在运输过程中，由于各种外部原因所造成货物的损失。

上述三种险别都是货物运输的基本险别，被保险人可以从中选择一种投保。

在投保平安险和水渍险的基础上，被保险人还可以选择若干种一般附加险。一般附加险包括 11 种：偷窃、提货不着险（Theft, Pilferage and Non-Delivery, TPND）、淡水雨淋险（Fresh Water and/or Rain Damage, FWRD）、短量险（Risk of Shortage）、混杂、玷污险（Risk of Intermixture and Contamination）、渗漏险（Risk of Leakage）、碰损、破碎险（Risk of Clash and Breakage）、串味险（Risk of Odour）、钩损险（Hook Damage）、受潮受热险（Damage Caused by Sweating and Heating）、包装破裂险（Breakage of Packing）、锈损险（Risk of Rust）。在上述三种基本险别中，明确规定了除外责任。除外责任是指保险公司明确规定不予承保的损失或费用。

（二）国际货物运输保险条款磋商应该注意的问题

一般来说，保险条款涉及的内容有保险金额、投保险别、保险费、保险单证和保险适用条款等。在报价单、合同中撰写保险条款，或者在和客户进行保险条款磋商时，业务员应该注意区分保险责任在哪一方。在以 F 组、E 组和 C 组中的 CFR（Cost and Freight，成本加运费）和 CPT（Carriage Paid To，运费付至）成交的合同中，保险条款可撰写为"保险由客户自理"（Insurance:to be covered by the buyer）。在以 D 组贸易术语成交的合同中，保险条款可撰写为"保险由卖家自理。"（Insurance:to be covered by the seller）。在以 CIF（Cost Insurance and Freight，成本加保险费加运费）或 CIP（Carriage and Insurance Paid To，运费加保险付至）成交的合同中，若运输方式为海洋运输，则保险条款可撰写为"由卖家按发票金额的 110% 投保×××险，以中国人民保险公司×

年×月×日的有关海洋运输货物保险条款为准。"（To be covered by the seller for 110% of invoice value against ××× Risk and ××× Risk as per the relevant ocean marine cargo clauses of the People's Insurance Company of China.）值得注意的是，即使由卖家投保，也属于卖家代理买家投保，保险费的负担方实际为买家。

（三）常用的国际货物运输保险条款的撰写

常用的表述如下。

（1）Please cover us on the goods detailed below.

（2）Please hold us covered for the cargo listed on the attached sheet.

（3）Please effect insurance for my account of USD 55000 on my goods against All Risks from Hong Kong to this city and at the lowest premium possible, not exceeding 10%.

（4）We usually effect insurance against All Risks and War Risk for the invoice value plus 10% for the goods sold on CIF basis.

（5）We will effect insurance against All Risks, as requested, charging premium and freight to the consignees.

（6）The cargo is to be insured warehouse to warehouse against All Risks.

（四）国际货物运输保险条款磋商案例

有关保险问题的邮件的撰写，根据运输产品不同，一般都有约定俗成的内容。在跨境电商 B2B 业务中，除非客户特别提出要投哪一类型的保险，一般业务员都按最低险别投保。如果客户有特别的要求，其费用应该由客户承担。下面举例说明客户要求将保险险别从平安险换至一切险的情况。

1.客户要求更换保险险别

示例如下。

Dear Tong,

Have a good day!

The last point before placing the order is the insurance. Could you please change from F.P.A to All Risks. We hope to do the best against any risks on the transportation. Will it affect the price?

Best regards,

×××

2.业务员回复

示例如下。

Dear ×××,

It is my pleasure to hear from you soon.

That is no problem to change the insurance to All Risks. This is what we hope to suggest to you as well, considering the easily-changing weather recently and unpredictable political situation in your country. Because the price I have quoted to you is CIF price including sea transport insurance charge, we have to increase the price to USD ××× to cover the difference in the cost of the two different kinds of insurances.

Attached is the quotation I have revised accordingly. I will draft a contract based on it with your confirmation of the quotation.

Your quick reply will be highly appreciated.

Yours faithfully,

×××

保险条款的磋商在所有条款的磋商中是最简单的。客户如果要求更换保险险别，业务员可以接受，因为承担费用及索赔的是客户。业务员只是代替客户投保。即便如此，由于业务员对产品的属性更加了解，对货物易遭遇的风险更有预估性，因此业务员在和客户进行磋商时应该建议客户购买合适的险别。

五、实操

（一）某冷冻设备制造公司在冷冻设备行业已经有19年的历史，年产值2亿元左右。该公司通过阿里巴巴国际站洽谈一笔业务，向印度出口20台型号为LW-180GH的冰箱。业务员报价后，客户对价格表示满意，但是对货物的付款方式有异议，因为业务员报的付款方式是"30%预付款，70%跟单信用证付款"，而客户希望"100%跟单信用证付款"。如果你是负责该业务的业务员，请你写邮件给客户，尽力说服客户接受你们公司的条件。

（二）某机械出口公司和一位南非客户磋商出口一台特制的化肥破碎机，这台破碎机采用非常规设计，支腿很高，集装箱会存在盖不上盖子的情况，因此需要开顶柜运输。业务员写邮件给客户，说明有意将该破碎机的支腿设计为可拆卸的，但是客户非常担心这样机器的支腿就会不牢固。于是业务员告诉客户，一方面开顶柜比较危险，而且运输费用较高；另一方面公司的工程师设计的支腿不会不牢固，工程师会给客户出一张图纸，向客户展示可拆卸的支腿是如何设计的，让客户放心。如果你是该公司的业务员，请写邮件给客户说明情况。

第八节 跨境电商 B2B 询盘之
成交、付款与交货

思考：
1. 在信用证方式下签订合同后业务员应该如何催促客户尽快开立信用证？
2. 在 T/T 方式下货物离开目的港后业务员应该准备哪些单据发给客户？

当业务员和客户就价格、货款收付、包装、运输、保险等问题达成一致后，通常情况下，客户就会下单，业务员会在征得客户同意后向客户发送合同或形式发票（PI），双方签订合同，交易达成。待客户就议定的付款条件付款之后，业务员就可以组织生产和发货了。在跨境电商 B2B 业务中，由于贸易术语和付款条件不同，实际的业务操作流程也不同。但是由于信用证和 T/T 方式是最常用的两种付款方式，因此跨境电商 B2B 业务在此环节的操作有一定的规律可循。本节首先介绍成交环节；然后分别探讨 T/T 和信用证两种付款方式下的付款和信用证开立环节；最后探讨发货前后相关环节。

一、成交环节

当业务员和客户达成交易的意向后，客户通常会要求业务员发送合同或形式发票，双方签订合同后，交易达成。特别需要注意的是，在金额相对较小的交易中，买卖双方通常以形式发票或客户订单作为简易凭证，起到合同的作用。因此，在跨境电商 B2B 平台上，如果客户让业务员发送形式发票，通常意味着客户下单了。但是对于交易金额较大的订单，买卖双方通常会通过正规的合同详细规定双方的责任和义务。

（一）客户要求业务员发送形式发票，业务员回复

在这种情况下，业务员收到要求发送形式发票的邮件后，应该马上制作形式发票，并在形式发票上签名，将形式发票转换为 PDF 格式，附在回复给客户的邮件中，一并发送给客户。此时，业务员给客户的回复中应该首先感谢客户下单，然后告诉客户形式发票已经做好，并附于附件中，请客户查收。最后，业务员可告知客户形式发票上的一切条款都是按照事先协商好的内容撰写的，如果无异议，请客户尽快付款，以便于组织生产或发货。如果采用信用证的付款方式，业务员也要敦促客户尽快开立信用证。下面给出一个在以 T/T 作为付款方式的交易中，业务员给客户的回复案例。

Dear ×××,

I am pleased that we have agreed finally on the price and all the related trade clauses. Attached please find the PI with my signature. Please inform me as soon as possible once the deposit is paid so that we start production immediately.

Yours sincerely,

×××

（二）客户下单，业务员接受

在跨境电商 B2B 业务中，有时一些相对正规的大客户会主动下单，此时订单就相当于简易的合同，具有与合同相同的法律效力。在这种情况下，业务员审阅订单无误，便可开具形式发票和/或对应的销售合同，连同签字确认的订单复印件一起回传给客户，示例如下。

Dear ×××,

We confirm our acceptance to your order No.LD 153796A. You emailed us yesterday for 3D LED light. We welcome you as one of our customers.

We are pleased to send you in the attached file the PI and the Sales Confirmation No. ZJ 01-D for your e-signature. Please cosign it and return it to us for our file. And please open your L/C before July. Shipment will be made upon our receipt of your L/C.

Your cooperation is highly appreciated. We assure you of premium product quality and look forward to receiving more orders from you.

Best regards,

×××

二、付款和信用证开立环节

在跨境电商 B2B 业务中，签订合同后，通常客户会按照合同约定按时支付（预付）款项或开立信用证（托收情况除外）。但是也有少数情况，客户不按时付款或开立信用证。这就涉及付款、信用证的开立和修改及收到款项后告知等事宜。

（一）催促付款

在跨境电商 B2B 业务中，签订合同意味着交易达成，但是没有付款的交易，对于卖家而言还是有风险的。因此签订合同后，业务员要及时催促客户付款。在此类邮件中，业务员应该提醒客户付款事宜，并告知客户及时付款对于按时交货的重要性。

示例如下。

Dear ×××,

As required in the contract, which was settled by careful discussion of both parties, we wish to call your attention to the fact that we have got the goods ready for some time.

However, up till now, we haven't had any news concerning your payment. Therefore, we kindly ask you to send us the payment as scheduled, so that we can execute your order No. 20201 within the contract time.

We hope for your kind understanding.

Best regards,

×××

（二）催促信用证开立

在催促信用证开立时，业务员应该适当引用合同中相关的条款。如果一再催促，对方迟迟不见行动，可以列举晚开立信用证可能造成的不良结果。例如，造成工厂在生产繁忙季节不能按时交工等，促使客户尽快采取行动。

示例如下。

Dear ×××,

With regard to your order No. CA1305 for 2500 cartons Canned Apricot Jam, we regret up to this date we have received neither the required credit nor any further information from you.

Please note that, as agreed, the terms of payment for the above order are sight Letter of Credit established within 2 weeks upon the arrival of our Sales Contract No. STE027.

We hereby request you to open an irrevocable sight Letter of Credit for the amount of USD 11750 in our favor, with which we can execute the above order according to the original schedule.

Yours truly,

×××

（三）要求客户修改信用证

业务员在审核信用证后，如果发现有不符合合同或不利于公司安全收款的条款，应及时联系客户通过开证银行对信用证进行修改。修改信用证的要求应尽可能一次性、具体、明确地提出，以避免多次改证，耽误时间。

要求客户修改信用证的邮件内容一般包括以下三个部分。

（1）感谢对方开来的信用证（也可开门见山，直入主题）。

（2）列明不符合合同或不利于公司安全收款的条款并说明如何修改。

（3）感谢对方合作，并希望修改后的信用证早日开出，有利于继续履约。

示例如下。

Dear Mr. Jones,

We have received your L/C No.121/99 issued by the Yemen Bank for Reconstruction & Development for the amount of $19720 covering 1600 dozen Man's Shirts. After reviewing the L/C, we find that transshipment and partial shipment are not allowed.

As direct steamers to your port are difficult to find, we have to ship via Hong Kong more often than not. As to partial shipment, it would be our mutual benefit because we could ship immediately of whatever we have on hand instead waiting for the whole lot to be completed.

We, therefore, are writing this afternoon, asking you to amend the L/C to read: "Transshipment And Partial shipment Allowed".

We shall be glad if you see to it that amendment is cabled without any delay, as our goods have been packed ready for shipment for quite some time.

Yours sincerely,

×××

（四）收到款项或收到客户的信用证

当卖家收到客户支付的款项后，业务员应该及时向客户发出通知，说明款项已收到，感谢对方的合作诚意，并表示马上开始组织生产和发货。客户付款后，其角色从主动方变为被动方，会非常关心生产或发货的情况，及时告知客户后续服务，会让客户更放心。下面的案例是一个收到预付款后的回复案例，但是稍微加以修改后也可以作为收到客户开立的信用证后的回复。

示例如下。

Hi ×××,

Good day!

Today I have been informed by our accounts department that the deposit of $3100 has been received. Thank you for your quick payment. Production will be started next Monday after the following two days holiday. I will keep you updated about the production proceeding by sending you the production pictures frequently.

Yours truly,

×××

三、发货前后相关环节

收到款项或信用证后，业务员开始组织生产或发货。在采用 CIF 和 CFR 发货前，在货款已经通过 T/T 方式结清的情况下，卖家要及时租船订舱，并安排报关、通关事宜。发货后，业务员要向客户提供商业发票和装箱单，供客户在目的港清关时使用。下面将分情况介绍发货前后业务员应该注重的工作环节。

在采用 FOB 和 T/T 方式付款的情况下，卖家应该及时和客户指定的货运代理进行物流的对接。而在采用信用证方式付款的情况下，卖家应该在发货后，凭信用证上规定的发票、装箱单等单据找议付行议付货款。下面以采用

CIF 和 CFR 发货前货款已经通过 T/T 方式结清的情况为例，列举业务员应该和客户沟通的事宜。

（一）汇报生产进度

在生产过程中，业务员应及时跟踪生产进度并向客户汇报。生产进度的汇报包括产品生产过程中的照片，已经完成和即将进行的生产工序，预计完工时间，是否可以在合同期内发货等内容。

示例如下。

Dear ×××,

One week no contact. How are you?

I am writing with regard to the production progress of your order No. 518-A. With my pleasure the production is going on very smoothly. Attached please find the picture of the processed articles. Nearly half work has been done. It is estimated in two more weeks the whole work can be finished. A trial video will be shot for you to examine the quality of the machine before its delivery. Our logistics company will make the voyage booking one week before the shipment.

More information will be updated and keep further contact.

With my best regards,

×××

（二）发货

正常情况下，卖家按照合同约定生产完毕后，会安排发货。发货后，业务员应该及时告知客户，最好将货船名称、发货港口、发货日期、预计到达港口、预计到达日期一并告知客户，并向客户说明提单、装箱单、商业发票等单据大概何时可以发送，以让其做好清关准备。

示例如下。

Dear ×××,

We are pleased to inform you that we have completed the shipment of the consignment in accordance with the stipulations set forth in our contract. The voyage named Nova has sailed from Qingdao on July 3, 2019. It is estimated to reach ××× port on July 15, 2019. As soon as we get the bill of lading, all the documents including commercial invoice and packing list will be sent to you.

If you find any problem, please let us know without hesitation.

Yours truly,

×××

（三）向客户发送电子版单据

发货后，业务员应及时和物流公司沟通，获取货物的提单，并开具商业发票和装箱单，必要时连同原产地证书一起，以电子版的形式发送给客户。

示例如下。

Dear ×××,

Fortunately this morning we have got the bill of lading from our logistics company, one day earlier than I expected. Attached please find all the requested documents in the attachment including the bill of lading, invoice and packing list.

There is only one week left for the shipment to arrive. For anything needing our cooperation, please don't hesitate to contact me.

Yours sincerely,

×××

四、实操

（一）Linfeng Trading Co., Ltd 通过跨境电商 B2B 平台出口一批货物，

协定以信用证方式收款，客户开立信用证后，该公司业务员审证时发现了一些问题。

信用证信息如下。

（1）信用证号码：GSB40893。

（2）合同号码：J04107。

审证意见如下。

（1）佣金：合同中规定为 3%，但信用证中规定为 5%，须改。

（2）保险加成率：合同中规定为 110%，但信用证中规定为 150%，须改。

（3）装运港：合同中规定为中国港口，但信用证中规定为中国青岛。因为这批货一部分来自大连，所以须改。

（4）交单日只有 10 天，建议改为 15 天。

（5）没有受 UCP600 约束。

（6）信用证中有关包装的条款要求纸箱外用金属条加固，建议改为一般做法，用塑料袋加固。

请根据上述审证意见写一封信用证修改函发给客户。

（二）某公司和英国客户约定出口机器一台。按照形式发票的规定，客户应该在 2019 年 9 月 3 日之前付款，但是 2019 年 9 月 4 日客户仍未付款。因为客户在下单之前就反复强调他非常着急要这台机器，并要求在 2019 年 10 月 5 日之前完成货物装船，所以请你写一封邮件给客户，催促其尽快付款，以安排生产，避免延迟交货。

第九节　跨境电商 B2B 询盘之售后服务

思考：
1. 业务员写给客户的产品售后安装、调试的邮件应包括哪几个方面内容？
2. 业务员写给客户的道歉信应包括哪几个方面内容？

在跨境电商 B2B 业务中，当客户收到货物之后，业务员就应该开始进行售后服务工作。高水平的售后服务能够为和客户的长期合作奠定良好的基础，更能创造良好的口碑效应，创造以老带新的市场效应。在分工比较细的公司中，售后服务的部分业务可以由专门的售后服务部门承担。即便如此，业务员也应该注重维护和老客户的关系，以争取获得更多订单。售后服务涉及的内容主要包括产品售后的安装或调试，协调产品交易和使用中的问题，为客户提供公司或产品的新动向、新信息，与客户保持良好的友谊等。针对以上内容，本节将分别列举业务员应该如何做好售后服务工作。

一、产品售后的安装或调试

当客户刚刚接到货物时，如果产品需要安装、调试，业务员需要提醒客户产品安装、调试时的注意事项。虽然正规公司的产品一般都配有使用说明书，但是有时由于翻译问题，使用说明书不一定表达得容易理解。因此建议业务员在发货前给客户发送配套产品安装、调试的视频。必要的时候，业务员也可以给客户提供在线安装、调试指导。让客户满意是售后服务的核心，下面给出一封关于产品安装、调试的邮件。

Dear ×××,

I am glad to hear from you that the machines have arrived at your factory.

As I have suggested to you before, please read the user's book carefully before the installation and commission of the machines. For the sake of your convenience, we also have prepared a video to instruct you how to connect each machine so that the whole production line can work normally. Noticeably all the buttons on the controlling box have been marked in English words to facilitate your understanding.

If you still have any question, please don't hesitate to ask us.

Best regards,

×××

二、协调产品交易和使用中的问题

客户接到货物后，若对产品的质量满意，则是交易的最好结果。但是实际上由于一些客观或主观的因素，客户对收到的货物可能会因质量、数量、包装、售后服务等方面产生不满，因此业务员收到客户的抱怨是正常的。对于客户的抱怨，业务员应该首先表示理解，对于由于卖家责任引起的问题，业务员要勇于承认错误，诚恳地向客户道歉，解释造成问题的原因，并提出解决问题的合理方案。对于非卖家责任引起的问题，业务员要向客户澄清问题，并帮助客户解决问题。

（一）由于货物质量不佳的道歉信

由于货物质量不佳的道歉信的示例如下。

Dear ×××,

We are really sorry for the quality problems you have mentioned in the email you sent to us yesterday.

Our survey shows that these problems were caused by one workers' carelessness in painting. Although these will not affect the normal usage of the machine, but they do affect the machine's image. After negotiation with our management, we will grant you USD 200 for your next purchase as compensation. More attention will be paid to the details of surface handling to avoid this kind of mistake. Video will be shot for your supervision by the time we process the next order.

Sorry again for the inconvenience.

Yours truly,

×××

(二) 由于货物数量错误的道歉信

由于货物数量错误的道歉信的示例如下。

Dear ×××,

We have received your email of Aug 7, 2019 and we regret to know the short delivery of 5 dozens of socks against the order No. 5132. We are quite sorry for the problem.

After check, we found that it was the fault caused by one new worker's carelessness in our dispatching department. However, we have already got 10 dozens of socks dispatched by DHL to you in the second day after we found this mistake. Five more dozens of socks in different patterns were sent to you as compensation. DHL confirmed that they will reach your office on Aug 9, 2017.

Once again, we deeply apologize for the trouble caused to you.

Best regards,

×××

（三）由于货物包装不良的道歉信

由于货物包装不良的道歉信示例如下。

Dear ×××,

We acknowledge the receipt of your email. We deeply regret that the goods suffered a certain damage during transportation from the port to your factory due to the packing cage not been sealed well.

After serious inspection of the trial video on the damaged machine, we found the inferior axle was broken because of the machine falling on the ground. As compensation we will offer you an axle free of charge, which will be dispatched to you tomorrow. Additionally, we will take the responsibility for packing problem and will compensate you by USD 250 in accordance with the contract. Please email us if you receive the check. Please accept our apology or any inconvenience caused to you.

We will take any necessary actions to ensure this kind of thing will never happen again.

With best regards,

×××

（四）由于货物发货不当的道歉信

由于货物发货不当的道歉信的示例如下。

Dear ×××,

Thank you for your letter of 26 January.

I apologize for the delivery problems you had with us last month. I have had a meeting with our production and shipping managers to work out a better system for handling your future orders. Although for the last order we adopted effective remedy methods to minimize the loss to your side, we want to make sure this mistake will not happen again. We have devised the enclosed checklist to use for each of your future order. It includes your firm's particular specifications, packing requirements and marking instructions. I believe we can serve your company better and help your operations run more smoothly with this safeguard.

Please contact us if there are any additional points you would like us to include.

With my best regards,

×××

三、为客户提供公司或产品的新动向、新信息

维持与客户的关系，非常有用的一种方法是为客户提供公司或产品的新动向、新信息，如公司新品问世、周年庆、新的促销活动、参加展会等信息。用这种方法和客户联系，一般不会引起客户的抵触心理，反而可能会赢得客户对公司的正面评价。即便如此，业务员也不可滥用这种方法，应该在仔细研究客户的潜在需求之后，有针对性地发送信息，和客户保持有效的沟通。如果业务员能在邮件中帮助客户分析市场形势，推荐有理有据的爆款产品，分享公司的热点市场需求等，那么会提升客户对业务员专业度的认可。

（一）向长期客户推广新产品

向长期客户推广新产品的示例如下。

Dear ×××,

No contact for one month. Hope you are getting well with everything around you. Enclosed please find an illustrated supplement to our catalogue. It covers the latest designs which are now available from stock. We are most gratified that you have included a selection of our products in your mail-order catalogs for several yeas. The resulting sales have been very steady. We believe that you will find our new designs most attractive. They should get a very good reception in your market.

Once you have had time to study the supplement, please let us know if you would like to take the matter further. We would be very happy to send samples to you for closer inspection.

For your information, we are planning a range of classical English dinner services which should do well in the North American market. We will keep you informed on our progress and look forward to hearing from you.

With my best regards,

×××

（二）通知客户价格调整

通知客户价格调整的示例如下。

Dear ×××,

We enclose our new catalogue and price list. The revised prices will apply from 1 April 2019. You will see that there have been a number of changes in our product range. A number of improved models have been introduced. Our range of washing machines have been completely revamped. Many popular lines, however, have been retained unchanged. You will be aware that inflation is affecting industry as a whole .We have been affected like everyone else and some price increases have been unavoidable. We have not, however, increased our prices across the board, In many cases, there is a small price increase, but in others, none at all. We can assure you that the quality of our consumer durables have been maintained at a high

161

standard and that our service will continue to be first class.

We look forward to receiving your further orders.

Yours truly,

×××

（三）告知客户有库存的产品

告知客户有库存的产品的示例如下。

Dear Sir,

Thank you for your order of June 1. We enclose a catalogue and price list. Meanwhile, we have also sent a catalogue of our range of tinned vegetables under separate cover, which we trust will reach you very soon.

We are sorry, however, that our tinned fruit products are in great demand at the moment, since it is in the middle of summer, which is our busiest season for fruit. Because of this, tinned peaches and grapefruit are in short supply, and we cannot satisfy all our customers' demands. In fact, our grapefruit products are almost out of supply.

We can recommend apricots, which fortunately we have in stock at the moment. You may be interested to know that our new discounts for bulk purchase came into effect on June 1st.

We would be please to receive your order very soon.

Yours faithfully,

×××

（四）告知客户促销产品

告知客户促销产品的示例如下。

Dear Sir,

Looking though our records we note with regret that we have not had the pleasure of an order from you since last October.

As you were one of our regular clients, we are very much concerned if you have been dissatisfied either with our goods or with the way in which we have handled your orders. Would you please fill out the enclosed reply card if you have encountered some problems with us? We will give your comments immediate attention.

We think you may you may be interested to know that we have recently been appointed agents for the sale in this country of the computers of three of the leading American manufacturers. Our stocks now include a wide range of first-class personal computers at very attractive prices. You will see from the catalogue enclosed that our prices are very much lower than those of other importers. In addition, we are offering very generous terms of payment.

We look forward to the pleasure of your renewed order.

Yours faithfully,

×××

四、与客户保持友谊

在跨境电商 B2B 业务中，如果产品的质量和服务是决定商务合作的基石，那么维护好和客户之间的友谊，则是业务员与同等市场地位的竞争对手竞争时获胜的关键。人类总是拥有共同的情感，喜欢和友善的人打交道。长期的商务合作往往基于业务员和客户在合作过程中建立的友谊。因此业务员应该在重要的节假日和客户生日时及时给客户送上祝福。如果已经和客户建立起较深厚的友谊，在客户生病或者家里有重大事件发生时，业务员都可以适当关切，加深与客户之间的友谊。

（一）节日问候

节日问候的示例如下。

Dear ×××,

On the occasion of the New Year coming, I am writing to extend my warmest greetings to you. Happy New Year!

Thank you for the order you placed to our company in June. We know that the growth and success of our company is largely dependent on many old customers like you. We also recognize the contributions you have made in the R&D of new products.

We look forward to more cooperation with you.

Once again, I would like to present my sincere wishes in the New Year.

Yours faithfully,

×××

（二）探病函

探病函的示例如下。

Dear ×××,

When I called at my office this morning, I was very sorry to learn that you were sick. I am writing this letter to extend my best wishes for your quick recovery.

Please accept the attached greeting card I sent to you. I do hope you enjoy.

If I can be of assistance to you, I hope you will let me know at once. I hope that by the time this letter reaches you, you'll be feeling much better.

I am looking forward to chatting with my old friend on line again.

Yours truly,

×××

五、实操

（一）中国新泰源家具公司和日本石原家具进口公司有长期合作关系。2019 年 10 月，中国新泰源家具公司意式牛皮沙发新款上市。该款沙发由头层牛皮制作，颜色有黄色、灰色、蓝色三种，由意大利知名家具设计师 Mr. Black 设计，并在 2019 国际家具展会上获得了金奖。假如你是中国新泰源家具公司的业务员 Kelly。你与日本石原家具进口公司的桥本先生一直保持着业务联系。桥本先生喜欢欧式家具，尤其喜欢富有现代气息的改良式的欧洲古典风家具。请写一封邮件给桥本先生，告知他公司新品上市，并给他发送这三种颜色的新款沙发的图片。

（二）科馨除尘设备有限公司要出口一批真空吸尘器到英国，但是由于一位意大利客户 Sam 所订购的产品型号、数量和英国客户 Dick 极为相似，工人在发货时误将英国客户订购的吸尘器发到了意大利客户那里，而将意大利客户订购的吸尘器发到了英国客户那里。假如你是该除尘设备公司的业务员 Rose，意大利客户接到货物后，发现货物发错，写邮件给你，你们公司才意识到此事。

（1）请写邮件告知意大利客户收到的邮件，并承认发错了货物，诚恳道歉，然后劝说客户接受误发到他那里的吸尘器，告知客户他所订购的吸尘器与英国客户所订购吸尘器只是颜色和吸尘口的尺寸不同，其余都是一样的。如果客户能够接受发错的吸尘器，你们公司会用原货款的 1/2 作为赔偿，并马上支付给他。如果客户介意，吸尘口的尺寸也可以修改，

（2）如果将你给意大利客户写的这封邮件转发给英国客户，应该怎样修改？

本章小结

本章以促进跨境电商 B2B 业务员成交订单为主旨,从九个时间上和逻辑上有顺承关系的环节分析了业务员应如何有效地与客户沟通。首先,基于业务员应该具有开发客户的能力,探讨了如何撰写高质量的客户开发信。然后,探讨了如何对跨境电商 B2B 询盘进行有效分析,并进行高质量的回复。接下来,针对客户询盘回复的情况,分别介绍了应该如何对客户进行引导沟通、跟踪和报价,并从国际贸易专业知识的角度介绍了应该如何与客户进行货款收付、包装、运输、保险条款的磋商。最后,介绍了在交易后应该如何与客户进行沟通。为提升学习效果,以上每部分都配有实操训练。

本章所讨论的问题围绕跨境电商 B2B 询盘业务处理,第四章将讨论如何面对面与客户进行贸易磋商,以及如何接待海外客户。

第四章

跨境电商 B2B 商务谈判

在第三章中，我们探讨了跨境电商 B2B 询盘业务处理，具体到了平台的操作，询盘的回复、跟踪和报价等。对于交易金额比较小的产品，客户可能直接在平台上下单，业务员与客户签订合同，交易完成。对于交易金额比较大的产品，客户可能会来工厂参观，然后再决定是否交易。对于业务员而言，为了推进交易，也可能会直接登门拜访客户，就欲达成的交易与客户进行面对面的谈判。

本章要探讨的内容是对于要来工厂参观的客户，业务员应如何接待，以及与客户进行商务谈判过程中应该注意的技巧和策略。为了促进商务谈判达成好的结果，业务员也有必要了解全世界主要国家和地区的主要节日和饮食习惯，这是本章最后一部分要探讨的内容。

第四章 跨境电商 B2B 商务谈判

第一节 海外客户的接待

思考：
1. 海外客户来访的主要目的一般有哪些？
2. 海外客户来访前工厂通常要做哪些准备工作？

对于跨境电商 B2B 业务员而言，如果有在谈的客户通知要来厂参观，业务员通常会十分兴奋。不同国家、不同文化、不同风俗习惯给海外客户披上了一层神秘的外纱。由于客户来访一般比单纯的 B2B 平台沟通更容易促成大交易，因此公司通常对海外客户的来访十分重视。组织优质的客户接待活动既能充分展示公司业务员的业务水平、综合素质、组织能力及协调能力，又能充分展示公司的品牌形象、综合实力，更能促进双方合作的顺利进行，促进项目会谈的顺利展开，将双方的合作提高到战略合作的层面。

一、海外客户来访的一般目的

与跨境电商 B2C 平台业务员相比，跨境电商 B2B 平台业务员接待海外来访客户的概率较高，因为 B2B 平台上所交易产品的价格相对较高，而且 B2B 平台多以批发为主，为了交易的安全性或长期交易的需要，B2B 平台上客户来访的可能性和频率都是比较高的。当然由于每个业务的具体情况不同，客户具体的来访目的也不一样。只有充分了解客户的来访目的，业务员才能有针对性地制定接待方案，更好地促进交易达成。跨境电商 B2B 平台上海外客户来访的目的可以归为以下几类。

（一）进行项目会谈

这样的客户往往是通过跨境电商 B2B 平台与业务员有过几次沟通，已有下单意向，或者在相关展会上看到过产品和公司的整体形象，对公司的情况有一定的了解，并产生合作意向的客户。来访者往往是带着订单或项目有备而来的，目的是讨论项目的合作，包括相关技术问题、价格问题、付款方式、交货期等内容。这样的客户通常是业务员最重视的，因此，接待时不仅要有专业技术人员陪同，而且公司领导也要适时参与。

（二）考察工厂的实力以备将来可能的合作

有的客户会突然来访，事先并没有和业务员有任何的沟通或联系。这样的客户可能通过跨境电商 B2B 平台、展会等渠道了解到了卖家。客户本身目前并没有现成的项目，但是未来可能会从事与卖家所在行业相关的业务，于是先来初步考察卖家的生产规模、生产能力、产品品质等，同时了解卖家的生产体系、质量控制体系和研发体系。考察结果比较优秀的卖家会被客户列入优质合作卖家名单，待有具体可以合作的项目时，无须再一一考察，直接根据需要选择卖家就可以了。

（三）验货为主，顺便了解卖家的最新发展情况

这样的客户通常已经和卖家有了订单的合作基础。来访的主要目的是对已经下单的货物进行验收，进而对卖家的产品质量进行进一步确认。如果货物质量过硬，客户可能会考虑未来进行进一步合作。这类客户也是很重要的客户。虽然挖掘新客户重要，但是维系老客户同样重要。虽然此类客户已经下单，但是维系好和这些客户的关系，极易促成新订单的达成。现实中，有些业务员会忽略这类客户，因为与客户的合作正在进行，所以往往会忽略与

客户进行新合作的可能。

（四）投诉为主，顺便对卖家进行深入考察

这样的客户是业务员想接待但又怕接待的客户。想接待，是因为这类客户确实是很好的合作伙伴；怕接待，是因为谈不好会伤害客户并可能失去客户。但对于这样的客户，业务员恰恰要充分重视。重视这样的客户反馈的意见，业务员可以进一步改进产品或服务，良好的认识错误的态度，可能会获得客户的谅解，进而赢得再次合作的可能。

二、客户来访之前的准备工作

一旦客户确认来访，业务员必须从两个方面做好准备，一是客户来访前与客户的交流，二是和工厂一起为客户的来访做好各方面的准备。

（一）客户来访前业务员与客户的交流

1. 邀请函及相关入境手续

在客户确定来访后，业务员必须和客户仔细沟通，了解客户是否需要公司提供来访邀请函，以便客户顺利办理 Visa 卡。有的证明材料，如我国政府部门需要审核的对方的资信情况、身份情况等材料，业务员应该在客户来访前协助办理，以便客户顺利入境。

2. 客户的行程安排

在确认客户来访后，业务员应充分了解客户来访的行程安排，有的客户来访只为考察一个卖家，在这种情况下，该卖家如果能够满足客户的预期，成交的可能性很大。有的客户来访会同时考察几个卖家，这些卖家中有之前在 B2B 平台上已然和客户沟通过的客户要重点考察的卖家，也有客户顺便想了解的卖家。及时了解客户来访行程，可以让业务员在接待客户时做到心中有数，根据不同的情况制定不同的接待策略。例如，客户想同时考察几个卖家，这样几个卖家在价格上可能会存在竞争，业务员要提前准备好应对方案，以争取在竞争中脱颖而出。而且，与客户提前沟通好行程，还有利于业务员做好与其他卖家的联系和对接工作。

3. 航班、用车、住宿等信息确认

在客户确认来访之后，业务员要及时告知客户应该选择的交通方式及可选交通方式的利弊。高铁在我国越来越普及，很多客户乘坐飞机到我国之后，首选的交通方式就是高铁。无论客户选择哪种方式，都要和客户沟通好接机的时间和地点。客户通常会告诉业务员准确的航班信息，航班信息确认完毕后，业务员要询问客户是否需要为其预订酒店、对于酒店的级别有没有要求等，以便安排好客户的住宿。住宿费用通常由客户承担。

4. 提醒客户天气状况

客户从不同的国家到访，天气情况可能和客户的来访地差别很大。因此业务员在客户来访前最好先在网上查好天气情况发给客户，提醒客户增减衣物。业务员的热情会让客户对业务员及所在公司产生好感，利于建立彼此之间的良好友谊。

（二）客户来访前业务员及工厂的准备工作

在客户来访前，业务员必须认真、细致地做好相关准备工作，针对客户来访目的，业务员和工厂应根据公司相关流程和制度做好安排。

1. 了解客户

对于老客户，通常业务员已经对客户的情况有一定了解。但对于新客户，业务员必须详细了解清楚客户的实际状况和来访的真正用意。如果发现客户公司实体并不存在或者是和本公司的产品相似的同类型公司，必须谨慎对

待。如果确定客户是真实、有效的客户，就要获取尽可能多的有用信息，例如，客户的联系方式、所在国家、公司性质、公司规模、主营产品、市场影响力、现有合作公司等。在客户来访前，业务员可以自制一张来访客户背景调查表，如表 4-1 所示，并通过各种方式和途径，获取表格中所需要的信息。一般不建议业务员直接对客户抛出一系列问题让客户回答，因为这样会显得没有礼貌。业务员可以通过以下方式自行收集客户资料：

（1）利用 B2B 平台上的客户信息；

（2）登录客户的公司网站了解客户的背景；

（3）利用搜索引擎寻找客户在网络上留下的踪迹；

（4）利用 Linkedin 等社交媒体挖掘客户信息；

（5）仔细分析和客户之前的沟通记录，尽量深层次地了解客户需求；

（6）如果新客户是由老客户介绍的，可以通过老客户侧面了解新客户的情况。

2. 用车安排

客户来访之前，业务员必须根据来访客户的人数提前两天提交用车申请表，以便尽早安排好车辆接送客户，如表 4-2 所示。

3. 参与接待人员对接

根据前期的沟通，业务员基本上能够了解客户此次来访需要会谈的主要内容。为此，业务员应提前一天和相关技术人员及有关领导做好沟通，并请相关技术人员在接待时给予协助和支持。同时，应提前将客户来访信息汇报给部门负责人，以便准确把握客户意图，保证会谈进程顺利进行，并对可能出现的问题加以分析和判断。更重要的是，客户来访前应根据客户级别通知部门负责人、副总经理或总经理，以确定参与谈判的人员，如需要高层领导参加，必须提前告知管理层，以便确认高层领导的时间安排。

表 4-1　来访客户背景调查表

来访客户背景调查表				
				时间：
公司名称				
联系人		E-mail		国家
联系电话		传真		网址
详细地址				
公司性质	贸易公司（ ）终端公司（ ）两者都有（ ）			
成立时间		公司规模		
主营产品详细说明				
在当地市场的影响力详细说明				
中国现有合作伙伴说明				
此次来访目的说明				
填表人		部门负责人		副总经理

表 4-2　用车申请表

用 车 申 请 表	
用车部门	
接客户的准确地点（准确的机场或火车站）	
客户抵达（机场或火车站）的准确时间	
用车天数	
送客户离开的时间	
送客户离开的准确地点（机场、火车站或省内其他城市）	
客户来访期间市内用车情况详细说明	
陪同前往接客户的人员说明	
客户接站牌准备情况	
填表人：　　　　　　部门负责人：　　　　　　副总经理：	

4. 资料准备

客户来访前，业务员应事先认真整理好和该客户沟通过的相关资料，例如，会谈合作的产品情况、价格情况、技术改进情况、模具开设情况，以及与该客户往来的重要邮件、相关合同、报价及其他资料。有关产品的技术参数、使用说明等应事先与相关技术人员联系，以确保无误。业务员应就这些信息和部门负责人及副总经理进行事先沟通，以促进谈判的顺利进行。更重要的是，在谈判前，业务员应对拟会谈合作的产品情况进行充分了解，以便在谈判现场能够迅速反应并随时回答客户的有关提问。

5. 必备用品准备

客户来访的前一天，业务员应事先告知行政部来访人数、需要准备的矿泉水、咖啡、水果、纸杯、便签纸、笔等的数量，展厅、会议室、多媒体室的使用时间，是否需要国旗、礼品、横幅/欢迎牌及其他要求，以便行政部做好会议准备工作。行政部应该在客户进入会议室前将所有准备资料和用品准备到位。

6. 备用金准备

为保证客户来访期间的资金充足，业务员应根据来访客户人数、到达时间等信息事先按照相关手续从财务部预借部分备用金，以便招待客户或用于其他事宜。

7. 就餐准备

客户来访之前，应根据客户考察的时间情况合理安排就餐，如果客户当日返回，中午应宴请客户，如果客户次日或隔日离开，午餐可从简，晚餐则建议由部门负责人或副总经理参与，宴请前应提前做好预订。

三、会谈流程

客户来访的整个会谈流程主要分为观看视频了解公司的基本情况（如有）、参观展厅（如有）、公司介绍、项目合作讨论等部分，这几个部分可以相互交错或同时进行，但需要注意以下几点。

（1）客户落座及所有参与接待人员坐定后，主接待业务员（该客户对应的业务员，同时也是会议的主持人）应起身先做自我介绍，然后按照职级依次向客户介绍公司的参与接待人员，介绍完毕后再用中文依次向公司领导介绍客户方代表。

（2）人员情况介绍完毕后，主接待业务员应介绍并说明整个会谈的主题。在主接待业务员介绍和讲解期间，配合接待的业务员（次接待业务员）应随时做好翻译协助，以便公司相关人员能够理解。

（3）对于公司介绍，如果没有视频资料，可以由主接待业务员统一按照已经审核确认的 PPT 向客户演示并讲解；主接待业务员讲解过程中要认真听取客户随时提出的疑问并给予正确解答。没有把握的问题应请相关在场领导给予解答，并同时做好翻译协助。

（4）新来访客户通常在主接待业务员介绍完毕后会介绍其所在公司的相关情况，主接待业务员应做好翻译协助。

（5）项目会谈可以在会议室进行，也可以在引领客户参观展厅期间同时进行。在项目会谈过程中，建议公司相关高层领导以适当方式回避，以保证公司领导的最终决定不受谈判内容的影响。

（6）在会谈的全过程中，次接待业务员应随时做好会谈全部内容的详细记录和整理工作。会谈结束后，次接待业务员应立即做好会谈纪要，并请客户和主接待业务员审核确认，双方签字，各保留一份副本。

会谈纪要的英文模板如表 4-3 所示。

表 4-3　会谈纪要的英文模板

Meeting Minute	
Subject	
Participants	
Party A	
Party B	
Time	
Location	
Recorder	
Project description	
Topic one	
In details	
Topic Two	
In details	
Topic Three	
In details	
Signature of Party A	Signature of Party B
Date:	Date:

（7）在客户接待的全过程中，接待人员应随时协助提供茶水、咖啡、饮料、资料、辅助设备等，同时负责拍照及录像工作。

四、会谈的后续工作

会谈的后续工作主要如下。

（1）次接待业务员应清理好会议室并将相关资料设备交还给相关部门。

（2）主接待业务员应陪同客户共进午餐或晚餐。通常情况下，客户如果在公司吃晚饭，午餐可以用简单的工作餐招待。和客户共进晚餐的情况下，建议邀请相应部门负责人或副总经理参与。如果是重要客户，建议事先邀请

177

公司高层领导参与，如果客户需要在午餐后离开，午餐应视为正餐，按照相应标准招待。

（3）主接待业务员应随时保持和行政部的沟通，以保证用车顺利，决不可因我司人员疏忽导致客户久等或不能正常用车。客户离开时，主接待业务员应及时安排将客户送至相应的火车站或机场。

五、访问的后续工作

访问的后续工作如下。

（1）客户访问结束的第二天，主接待业务员应及时将双方确认的会谈纪要翻译成中文，并于当日和相关生产、技术、研发部门就技术问题、交货期等信息进行确认，需要下达生产、改进、开模、研发等任务通知的，应在两个工作日内下达完毕。

（2）客户访问结束后的第二天，主接待业务员应立即整理出一封内容详细并包含会谈纪要附件的感谢信发给客户，并抄送客户方所有来访人员及公司参与接待的相关领导。同时将公司技术人员提供的有关生产、改进、开模、研发等的最新信息告知客户，以便客户及时掌握和了解公司的反馈信息，同时明确会谈中未解决事宜的完成时间及重要事项。邮件中可以将客户来访时的相关照片一并附上。

六、英文邮件模板

对于跨境电商 B2B 业务员而言，在客户来访前后通常需要和客户进行多次沟通。虽然每位客户的具体情况不同，但是沟通内容往往有一些共性。下面给出一些英文邮件模板供读者参考，需要时稍加修改就可以发送给客户，以增加工作效率。

（一）得知客户来访的消息给客户发邮件

客户来访时，通常会发邮件告知业务员，业务员接到客户来访的消息后，要及时向客户反馈，表示欢迎，并且和客户沟通确切的来访时间、交通方式、是否预订酒店、天气情况等内容。下面是一位业务员回复一位澳大利亚客户的邮件，供读者参考。

Dear ×××,

I am appreciated of your decision to come to us for a visit. Presently our factory has stock for the products you need so it is the right time for your visit. Welcome！

Regarding your visit, I would like to remind you of the following points.

About the traffic way to our factory. Our factory is located in ×××, ××× province. You can take flight to ××× airport then switch to high speed train from ××× to ×××. Tell us the time for your arrival and we will meet you at the exit of the high speed train station.

About the accommodation, do you need us to reserve a hotel for you? If you need, what kind of hotel you want to live?

Do you have any other plan except the visit to our factory? If you have, please tell me ahead of time so that I can arrange in advance.

By the way, as far as I know, your country presently is hot. But the weather of our city recently is changeable, although it is spring now. Sometimes it will be a little cold in the morning and the evening time. So please bring more clothes with you.

I expect for your reply and welcome again for your visit.

Best regards,

×××

（二）客户访问结束后发给客户的感谢信

感谢信通常包括三部分内容。首先感谢客户来访，然后肯定这次来访的成功之处，随后与客户确认来访期间客户关心的问题，如客户对于产品加工的细节要求、对于交货时间的要求、对于付款方式的要求等。下面给出一个感谢信的模板，供读者参考。

Dear ×××,

Thank you very much for your trip to China to our factory.（感谢客户来访。）
It is really very nice to know you not only professionally but also personally. We have been friends.
As to the important items you have mentioned when you were at the factory, I have noted down and recorded as follows:（与客户确认来访期间客户关心的问题。）
1.
2.
3.
We will confirm all the items soon and give you feedback.
Hopefully we can cooperate soon.（表达合作的意愿。）

Best regards,
×××

七、实操

以下是接待海外客户来访经常会遇到的场景。虽然每位业务员接待不同的客户的实际场景不是完全相同的，但是一定会有共同之处。此处给出一些实际场景的接待用语，请翻译成对应的英文表述，并将这部分内容熟记于心。

场景 1：机场接待客户

客户："打扰了，请问你是南京艾菲特陶瓷有限公司的代表吗？"

公司代表："是的。你是 Hilton 先生吗？"

客户："我是来自美国 Andrew Rice Origin Foundation 公司的 Robert Hilton。"

公司代表："我的名字叫苏辉，我来这里迎接你，欢迎到上海！"

客户："很高兴认识你。"

公司代表："我也很高兴（见到你），这是你第一次来中国吗，Hilton 先生？"

客户："是的，的确是第一次。我期待看到你们美丽的国家。"

公司代表："我希望你在这里待得愉快。"

客户："谢谢，我相信会的。"

公司代表："这是你的全部行李吗？"

客户："是的，都在这里了。"

公司代表："那里有辆车，我带你去酒店。"

客户："好的。"

公司代表："让我帮你拿行李，我们走吧。"

客户："谢谢你，给你添麻烦了。"

公司代表："不麻烦，请这边走。"

场景 2：工厂接待客户

主题 1：关于公司组织部门的介绍。

公司代表："我陪你到处看看，边走边讲解生产操作。"

客户："那太好了。"

公司代表:"这是我们的办公大楼,所有的行政部门都在这里。那边是研发部。"

客户:"你们每年在科研上投入多少钱?"

公司代表:"是总销售额的 3%到 4%。"

客户:"对面那座建筑是什么?"

公司代表:"那是仓库,存放周转快的货物,这样有急的订单时,就可以立刻交现货。"

客户:"如果我现在订购,到交货时需要多长时间?"

公司代表:"那主要得看订购数量及你需要的产品。"

主题 2:参观工厂

公司代表:"请戴上安全帽。"

客户:"我们还需要穿上罩衣吗?"

公司代表:"最好穿上,以免弄脏你的衣服,请留神脚下。"

客户:"谢谢,生产线都是全自动的吗?"

公司代表:"不是全部自动的。"

客户:"哦,那你们如何控制质量呢?"

公司代表:"所有产品在整个生产过程中都必须通过五道质量检查。"

客户:"月产量是多少呢?"

公司代表:"目前是每月一千套,但从十月份开始每月将升为一千二百套。"

客户:"每月的不合格率通常是多少呢?"

公司代表:"正常情况下为 2%左右。"

客户:"那太了不起了,成品从那边出来吗?"

公司代表:"是的,现在我们稍微休息一下吧。"

主题 3:参观完工厂回到会议室

客户："谢谢你们陪我参观了整个工厂，使我对你们的产品范围有了一个很好的了解。"

公司代表："带客户参观工厂是我们的荣幸，不知道你对我们工厂的总体印象如何？"

客户："很好，尤其是你们的 NW 型机器的速度。"

公司代表："那是我们新开发的产品，性能很好，两个月前刚投放市场。"

客户："和你们的竞争对手相比，我想这台机器可以让你们更有优势。"

公司代表："当然。就速度而言，目前没有厂家能和我们相比。"

客户："能给我一些 NW 型机器的配套手册吗？如有可能，还有价格。"

公司代表："好的。这是我们的销售目录和说明书。"

客户："谢谢，我想也许将来我们可以合作。"

第二节 国际商务谈判的技巧与策略

思考：

1. 国际商务谈判前应做的准备工作通常有哪些？
2. 国际商务谈判中应注意的技巧有哪些？

在客户参观完工厂后，他一般会就所需要的产品或要进行的项目与业务员进行价格和贸易条款的磋商。这个过程其实就是国际商务谈判的过程。国际商务谈判不仅发生在公司内部，也可以发生在各种国际展会上。无论国际商务谈判发生在何时何地，谈判双方想要实现某种产品的交易，满足各自的需求，维护各自的利益，妥善解决交易过程中可能产生的问题的目的是一致的。在国际商务谈判中，不可避免地会遇到一些棘手的问题，为了避免僵局、冲突和矛盾的出现，就必须做好谈判前的准备工作，灵活应用一定的技巧，以争取达到预期的谈判目标。

一、国际商务谈判前应做的准备工作

（一）掌握不同国家和地区客户的谈判风格

国际商务谈判要面对的谈判对象来自不同的国家和地区。如果想在国际商务谈判中稳操胜券，就必须熟悉世界各国商人不同的文化背景，对不同的谈判对象，采用不同的谈判方式。

中西方的谈判风格有所不同。例如，美国客户性格开朗，与美国客户的商务谈判通常可以在相对友好轻松的氛围中开场，但是这并不意味着谈判的过程可以随意。美国客户非常自信、严谨，而且注重效率，他们习惯于按照合同条款逐项进行讨论，解决一项，推进一项，尽量缩短谈判时间，而且在谈判过程中习惯处于主导地位。他们看重产品质量、加工工艺和加工的精致程度。在卖家可以满足其产品要求的基础上，他们也会进行讨价还价。对于价格不是特别高的产品，他们并不会十分纠缠于价格，但是对于大型工程项目，他们会分条讨论项目的价格构成，合理地讨价还价。美国客户在谈判时，除探讨产品的品质、规格、价格、包装、数量、交货日期及付款方式等条款外，还可能探讨在该产品从设计到开发、生产、销售、售后服务的过程中双方为能更好地合作各自所能做的事情，从而达成一揽子交易。同美国客户谈判，要避免转弯抹角的表达方式，是非必须清楚，如有疑问，要毫不犹豫地问清楚，否则易引发双方的冲突，甚至使谈判陷入僵局。

　　与美国客户不同，来自澳大利亚和新西兰的客户（以下称澳洲客户），性格以友好、随和为特征，善解人意和互相尊重是他们为人处世的态度。因此在国际商务谈判中，澳洲客户不太会与谈判对手产生激烈的争执。澳洲客户对产品的品质要求是第一位的，如果一位客户看准你们公司的产品，不惜与你进行长时间的谈判来确定所有的产品细节，然后才和你谈价格，那么往往决定订单能否成交的关键已经不是价格，而是产品的细节问题。与美国客户和澳洲客户不同，日本客户深受中国传统文化的影响，并处处体现在行为上。日本客户工作认真，考虑长远。他们讲究礼节，彬彬有礼地讨价还价。日本客户的严谨体现在方方面面，他们在产品的质量、包装、运输、保险等条款方面都很认真。

　　当然，随着全球化和通信技术的高速发展及各国商人之间的频繁往来，他们相互影响，取长补短，有些客户的国别风格已不是十分明显了。因此业务员既应熟悉不同国家和地区客户之间谈判风格的差异，又应根据临时情况在实际商务谈判中随机应变，适当地调整自己的谈判方式，以达到预期的目的，取得商务谈判的成功。

（二）制定谈判目标及目标实现方案

谈判人员在复杂的谈判局势中要想占据相对主动的地位，就应该明确谈判目标及顺利实现谈判目标的策略方案。谈判人员的谈判目标不同，其具体要达到的谈判目标及目标实现的策略方案也就不同。下面根据具体商务谈判类型的不同，介绍谈判目标及目标实现方案的制定。

1. 以达成某一具体交易为目标的商务谈判

在这种情况下，卖家最好充分了解客户的情况与客户欲购买产品的情况，先拟定产品的详细的报价单，包括产品的参数、报价、包装、运输、付款条件等，并且据此拟定好合同，待客户来访之时，就产品的报价单逐项和客户进行确认。签订合同是此类商务谈判最核心的目标，将谈判目标写在合同中，可以使商务谈判的目标具体化。即使谈判中由于参数的调整而需要对价格和其他贸易条款进行调整，也是相对容易的。拟定谈判目标非常重要的一点是，谈判人员需要预先设定谈判让步的限度。在商务谈判中经常遇到的问题就是价格问题，这也是谈判中利益冲突的焦点问题。在谈判前，双方都要确定一个底线，超越这个底线，谈判将无法进行。这个底线的确定必须具有一定的合理性和科学性，要建立在调查研究和实际情况的基础之上。在对外贸易中，如果卖家把价格定得过高或客户把价格定得过低，都会引发谈判中的激烈冲突，最终导致谈判失败。

2. 以寻觅更多市场合作为目标的商务谈判

以寻觅更多市场合作为目的的商务谈判，例如，到海外设立代理商或经销商时要进行的商务谈判，公司要先调查清楚目标合作伙伴的主营产品、历史、文化等，判断是否适合与其进行商务合作，以及以何种形式进行商务合作。如果具体的合作方式不确定，不妨先初步拟定代理合作协议和经销商合作协议，在更详细地了解合作伙伴的情况后，再对合作协议稍加修改。尽管每一次谈判都有其独特之处，事先做好一定的准备可以使谈判人员在进行商务谈判时更加游刃有余。

谈判人员需要注意，在谈判过程中，应该坚持不卑不亢的态度。因为在某些情况下首先让步的一方可能会被认为处于劣势，导致对方施加压力以得到更多的让步。例如，某公司欲与巴基斯坦的一个公司合作，开办果汁加工厂，两公司本来协议的合作条件是一方（A 方）投资厂房，另一方（B 方）提供场地，共同组建一个股份合作公司，A 方投资 60%，B 方投资 40%，约定销售利润按照投资比例分红。在签订合同之前，B 方突然改变主意，要求销售利润五五分成。由于巴基斯坦的果汁市场前景好，A 方怕失去合作机会，于是勉强答应 B 方的要求。B 方看 A 方态度软弱，于是决定在合作协议上多加一些有利于他们的条款。虽然最终协议达成，但是基于不公平的合作，注定会问题百出。双方合作两年后就因为利益分配不均的问题而结束合作。从这个例子可以看出，无论寻求哪一种合作，都需要建立在平等的基础上，不平等的交易很难带来合作的良性发展。由于每个国际商务谈判所面临的实际情况不同，谈判双方都要在平等的基础上制定多种谈判策略方案。

（三）选择高素质的谈判人员

国际商务谈判在某种程度上是双方谈判人员的实力较量。谈判的成效如何，往往取决于谈判人员的知识面和心理素质。由于国际商务谈判所涉及的因素广泛而复杂，因此通晓相关知识十分重要。一般来说，除国际贸易、国际金融、国际市场营销、国际商法这些必备的专业知识外，谈判人员还应了解心理学、经济学、管理学、财务知识、外语、有关国家的商务习俗与风土人情及与谈判项目相关的工程技术方面的知识，较全面的知识结构有助于增强谈判人员的自信。此外，作为一个国际商务谈判人员，还应果断、富有冒险精神，只有这样才能在困难面前不低头，在风险面前不退缩，正视挫折与失败，取得成功与胜利。因为国际商务谈判常常是群体之间的交锋，单凭谈判人员个人的知识和技能，并不一定就能达成谈判目标，所以要选择合适的人组成谈判小组。谈判小组成员各自的知识结构最好要具有互补性，从而在解决各种专业问题时能驾轻就熟，提高谈判效率。

二、国际商务谈判的技巧

国际商务谈判的目标是签订各方面都满意的协议或合同。谈判双方的确有为争取自身利益最大化的对抗关系，但更重要的还是合作关系，所以在谈判中恰当地使用一些谈判技巧，能够避免出现冲突。

（一）建立融洽的谈判气氛

在谈判之初，谈判人员最好先找到一些双方观点一致的地方并表述出来，给对方留下一种彼此更像合作伙伴的潜意识，这样接下来的谈判就容易朝着达成共识的方向发展。当谈判僵持时，谈判人员可以拿出双方的共识来增强彼此的信心，化解分歧，也可以向对方提供一些其感兴趣的商业信息，或对一些不是很重要的问题进行简单探讨。达成共识后，双方的心理就会发生微妙的改变。

（二）设定好谈判的禁区

谈判是一种很敏感的交流方式，所以语言要简洁，谈判人员最好提前设定好谈判的禁区：危险的话题、行为，谈判的底线等，这样就可以最大限度地避免在谈判中落入对方设下的陷阱中。

（三）语言表述简洁

在商务谈判中，忌讳语言松散，应尽可能让自己的语言表述简洁；否则，你的关键词很可能会被湮没在拖沓冗长、毫无意义的语言中。一颗珍珠放在地上，我们可以轻松地发现它，但是如果倒一袋碎石子在上面，找起珍珠来就会很费力。同样的道理，人类接收外来声音或视觉信息的特点是，一开始专注，但注意力随着接收信息的增加会越来越分散。因此，谈判人员的语言要做到简洁、针对性强，争取让对方在最佳接收信息状态时接收自己要表述的内容。如果要表述的内容很多，如合同、协议等，那么在讲述或宣读时可以在语气上进行轻、重的变化，如在重要的地方提高声音、放慢速度，引起对方的主动思考。在重要的谈判前，谈判人员应该进行几次模拟演练，训练语言的表述、突发问题的应对等。在谈判中切忌模糊、啰唆的语言，这样不仅无法有效表达自己的意图，而且可能使对方产生疑惑、反感的情绪。在这里要明确一点，要区分清楚沉稳与拖沓的区别，前者语言表述虽然缓慢，但字字经过推敲，语速也有利于对方理解与消化信息内容，在谈判中，建议这样的表述方式。在谈判中想靠伶牙俐齿、咄咄逼人的气势压住对方，往往事与愿违，多数结果不会很理想。

（四）做一颗柔软的钉子

商务谈判的本质就是博弈，这个时候双方都很敏感，如果语言过于直率或强势，很容易引起对方本能的对抗意识，因此，在商务谈判时，要在双方遇到分歧时面带笑容，语言委婉，这样对方就不会启动头脑中本能的敌意，不容易使接下来的谈判陷入僵局。在商务谈判中，并非张牙舞爪、气势夺人就会占据主动，反倒是喜怒不形于色，情绪不被对方所引导，心思不被对方所洞悉的方式更能克制对手。至柔者长存，至刚者易损。想成为商务谈判的高手，就要做一颗柔软的钉子。

（五）曲线进攻

孙子曰："以迂为直"。克劳塞维茨将军也说过："到达目标的捷径就是那条最曲折的路"。由此可以看出，想达到目的，就要迂回前行，若直接奔向目标，只会引起对方的警觉与对抗。应该通过引导对方思想的方式，把对方的思维引导到自己的包围圈中。例如，通过提问的方式，让对方主动说出你想听到的答案。越急切想达到目的，越可能暴露自己的意图，被对方利用。

（六）谈判是用耳朵取胜，而不是用嘴巴

在商务谈判中往往容易陷入一个误区，那就是主动进攻，我们总是在不停地说，总想把对方的话压下去，总想多灌输给对方一些自己的思想，以为这样可以占据主动。其实不然，在这种竞争环境中，你说的话越多，对方会越排斥，而且，对方被压抑的结果是双方很难达成协议。反之，让对方把想表述的问题都说出来，其锐气就会适当减退。更关键的是，认真倾听可以帮助你从中发现对方的真正意图。

（七）控制谈判局势

谈判活动表面看来没有主持人，实则有一个隐形的主持人，这个人不是你就是你的对手。因此，要主动争取把握谈判节奏、方向，甚至是趋势。主持人所应该具备的特质是，语言虽不多，但是招招中的，直击要害；气势虽不凌人，但是运筹帷幄，从容不迫，不是用语言把对手逼到悬崖边，而是用语言把对手引领到悬崖边。并且，想做谈判桌上的主持人就要体现出你的公平，即客观地面对问题，尤其是在谈判开始时，慢慢让对手被你引导，局势将向对你有利的一边倾斜。

（八）让步式进攻

在商务谈判中，可以适时提出一两个对方无法同意的要求，在经历一番讨价还价后再进行让步，把要求降低或改为其他要求，让对方有一种成就感，觉得自己已经占到了便宜。这时我方其他的要求就很容易被对方接受，但切忌提出太离谱、过分的要求，否则对方可能觉得我们没有诚意，甚至会激怒对方。先抛出高要求也可以有效降低对手对谈判利益的预期，挫伤对手的锐气。　其实，商务谈判的关键就是如何达成谈判双方的心理平衡，达成协议时就是达成谈判双方的心理平衡时。也就是说，自己在谈判中取得了满意或基本满意的结果，这种满意包括预期目的的达到、自己获得的利益、谈判对手的让步、自己获得的主动权、谈判时融洽的气氛等。

三、恰当解决商务谈判中出现的问题

由于在商务谈判中，双方都想使自身利益最大化，有时候利益的冲突就难以避免。此时只有采取有效措施解决问题，才能使谈判顺利完成，取得成功。

（一）注重换位思考

谈判双方的礼仪冲突往往不在于客观事实，而在于想法不同。谈判双方各执己见，都按照自己的思维方式考虑问题，这时谈判往往陷入僵局。在商务谈判中，如果出现双方意见不一致的情况，不妨站在对方的立场上考虑问题，不要以自己为中心推测对方的意图。在合作达成时，一定要尊重对方。谈判的目的并不是"你赢我输"，谈判双方首先要树立"双赢"的概念。采取什么样的谈判手段、谈判方法和谈判原则使谈判结果对双方都有利，才是商务谈判的实质追求。因此，面对谈判双方的利益冲突，谈判人员应注重换位思考，重视并设法找到双方实质利益之所在，在此基础上用一些双方都认可的方法寻求最大利益的实现。共同利益意味着商业机会，强调共同利益可以使谈判更顺利。

(二)巧用"标准"避矛盾

在商务谈判中,有时双方会就某一个问题争执不下,互不让步,即使强调"双赢"也无济于事。此时,客观标准就起到了非常重要的作用。对于谈判中经常遇到的价格问题,当双方无法达成共识时,可以参照一些客观标准,如市场价值、替代成本、折旧、账面价值等。此种方式在实际谈判中非常有效,可以不伤和气地快速取得谈判成果。在价格问题上,利益冲突可以这样解决,其他问题同样也可以运用客观标准来解决。

谈判人员在商务谈判中会遇到许多问题,只要灵活、适当地运用各种谈判技巧与应对策略,就能化解各种冲突,达到自己预期的谈判目标。

(三)巧用"保留式开局"策略

对市场竞争力较强的产品,如果对获得订单比较有自信,谈判人员可以适时采用"保留式开局"策略。保留式开局策略是指在谈判开始时,对谈判对手提出的关键性问题不做彻底、确切的回答,而是有所保留,从而给对手造成神秘感,以吸引对手步入谈判。在运用保留式开局策略时,要注意采用不要违反商务谈判的道德原则,即以诚信为本,向对方传递的信息可以是模糊信息,但不能是虚假信息。否则,会将自己陷入非常难堪的局面之中。保留式开局策略适用于低调气氛和自然气氛,不适用于高调气氛。保留式开局策略还可以将其他的谈判气氛转为低调气氛。因此,要审时度势、适时采用。

四、实操

江西省某工艺雕刻厂原是一个濒临倒闭的小厂,经过几年的努力,发展为产值 200 多万元的大厂商,其产品更是打入了日本市场,战胜了其他在日本经营多年的厂商。有一年,日本三个公司的老板同一天接踵而至,到该厂

第四章 跨境电商 B2B 商务谈判

订货。其中一个是资本雄厚的大商社，要求原价包销该厂的产品。这应该是好消息，但该厂想到，这几个公司原来都是经销韩国产品的公司，为什么争先恐后、不约而同来订货？他们查阅了日本市场的资料，得出的结论是自己的木材质量上乘，雕刻技艺高超。于是该厂采用了"待价而沽""欲擒故纵"的谈判策略。先不理会那家资本雄厚的大公司，而是积极抓住两家小公司求货心切的心理，把梁、榴、柱分别与其他国家的产品做比较。在此基础上，该厂积极为产品争价钱、论成色，使其价格达到理想价格，首先与小公司成交，造成那家大公司产生失去货源的危机感，以致那家大公司不但急于订货，而且大批订货。

请分析该厂策略成功的关键。

第三节　世界主要国家和地区的主要节日和饮食习惯

思考：
1. 与印度客户谈生意时应该注意什么？
2. 与俄罗斯客户谈生意时应该注意什么？

在跨境电商 B2B 业务中，处理询盘、接待客户、成交订单是业务员的主要工作。但是在业务员的工作中，无论是处理询盘还是接待客户，都需要了解与之交流的客户所来自的国家和地区的基本情况，这样业务员才可以做到尊重客户的习惯，避免对客户做出任何不尊敬的举动，与客户建立良好的合作关系。具体来说，在与客户交流期间，了解客户所在国家和地区的特殊节日，就可以知道什么时候应该给客户送去节日的祝福；了解客户所来自国家和地区的饮食习惯，就不会在饮食招待上犯错误。

一、亚洲国家和地区

跨境电商 B2B 业务员在和亚洲客户进行交易磋商时，不仅要具体考虑亚洲人普遍的风俗习惯，而且要考虑不同国家甚至客户个人的具体情况。

（一）日本

1. 日本的主要节日和饮食习惯

日本的主要节日有新年（1月1日），成人节（1月的第2个星期一），樱花节（3月15日至4月15日），敬老节（9月的第3个星期一）、文化节（11月3日）等；在饮食习惯方面，日本客户喜欢清淡、忌滑腻，喜欢鲜中带甜的口味，常吃牛肉、鸡蛋、鱼类、海带、豆腐等食物，大多不喜欢吃羊肉和动物内脏。

2. 与日本客户谈生意时的注意事项

（1）日本客户群体意识较强，强调集体决策，因此业务员要有耐心。

（2）日本客户注重和对方建立信任的关系。

（3）日本客户善于使用名片。

（4）业务员要尽量用婉转的方式表达态度和观点。

（二）印度

1. 印度的主要节日和饮食习惯

印度的主要节日有新年（1月1日）、共和国日（1月26日）、甘地诞辰纪念日（10月2日）、排灯节（又称万灯节、印度灯节或屠妖节，每年10月或11月中旬举行）、独立节（8月15日）等。在饮食习惯方面，印度客户主要以吃素为主，一般不使用筷子，比较爱吃生洋葱和咖喱。

2. 与印度客户谈生意时的注意事项

（1）在报价方面，印度客户通常对价格相当敏感，喜欢货比三家，喜欢讨价还价，因此向印度客户报价要让对方觉得有可议余地。但是，当价格达到底线后，不要犹豫，一定要坚持价格底线。

（2）在商务谈判方面，印度客户在商务谈判期间谨小慎微，希望尽量把合同条款细节拟定得十分详细而清楚，因此业务员无论是在合同签订前的商务谈判时还是在审阅合同时都要做到字斟句酌，尤其是对关键性的条款。例如，在付款方式的选择上，业务员要优先选择 T/T，然后选择 L/C，不建议选择 D/P，且一定要收预付款，预付款比例一般是 30%左右，如果选择 L/C 付款方式，最好让客户发来他们银行的信息予以核对，选择当地比较大的和信誉好的银行。

（3）在信息交流方面，与印度客户应尽量采用邮件的方式进行沟通，如果选择电话沟通，也可以在事后再次进行邮件确认，这样不易出错。

（三）泰国

1. 泰国的主要节日和饮食习惯

泰国的主要节日有新年（1月1日）、水灯节（泰历12月的第一个月圆之日）、宋干节（4月13日至4月15日）、春耕节（5月10日）等。在饮食习惯上，主食多为大米，泰国人大多喜欢吃辛辣的菜肴，还喜欢在菜肴中放鱼露和味精，但大多不喜欢吃红烧的菜肴，也不喜欢在菜肴中放糖和酱油。

2. 和泰国客户谈生意时的注意事项

（1）尊重泰国的风俗习惯和礼仪形式，尊重对方的隐私。

（2）泰国客户十分注重人际关系，注重和对方建立信任的关系。

（3）对于产品，泰国客户重视质量甚于品牌，更看重产品的货真价实。

（四）新加坡

1. 新加坡的主要节日和饮食习惯

新加坡的主要节日有新年（1月1日）、春节（中国农历新年/大年初一）、国庆日（8月9日）、排灯节（又称万灯节、印度灯节或屠妖节，每年10月或11月中旬举行）等。在饮食习惯方面，新加坡华裔喜欢吃中餐，但是由于深受当地马来西亚人的影响，新加坡饮食也融入了一些马来西亚饮食的特色，倾向于辛辣，倾向于使用咖喱。由于新加坡是个多文化的国家，因此很多西方的饮食习惯，在新加坡也被接受。

2. 和新加坡客户谈生意时的注意事项

（1）对新加坡客户来说，最重要的是质量。由于新加坡是港口贸易国家，很多新加坡客户从中国进口货物再转手卖给其他国家。因此在实践中他们喜欢寻找可靠的供应商为其长期供货，合作伙伴的大小不重要，关键是信誉要好。

（2）无论订单大小，为了考察卖家的质量，新加坡客户通常也愿意坐飞机去亲自考察。

（3）新加坡客户在签订合同时会十分慎重，在和新加坡客户签订合同时，业务员一定要有耐心。至于合同条款的细节，新加坡客户一般不会特别咬文嚼字。

二、欧美国家和地区

（一）俄罗斯

1. 俄罗斯的主要节日和饮食习惯

俄罗斯的新年庆祝活动从 12 月 31 日晚持续到 1 月 2 日。一般在 2 月底或 3 月初，他们会庆祝为期 7 天的谢肉节（又称送冬节）。2 月 23 日是俄罗斯祖国保卫者日，5 月 9 日是俄罗斯胜利日，6 月 12 日是俄罗斯国庆日。11 月 4 日是俄罗斯团结日。在饮食习惯上，俄罗斯有鲜明的特色。俄罗斯人以面包为主食，还十分爱吃土豆。俄罗斯人用餐的特点是肉、奶较多，蔬菜较少。

2. 与俄罗斯客户谈生意时的注意事项

（1）与俄罗斯客户初次交往时，他们往往非常认真、客气，俄罗斯客户非常看重自己的名片，确信对方的身份值得信赖或能成为自己的业务伙伴时才会递上名片。俄罗斯客户讲究穿着，因此，在与俄罗斯客户交往时宜穿庄重、保守的商务服饰。

（2）俄罗斯客户对合作方的举止细节较为在意。

（3）在与俄罗斯客户谈生意时要保持心态平和，大多数俄罗斯客户的节奏较缓慢。

（4）俄罗斯客户注重礼物，认为礼物不在于贵重而在于别致，业务员不宜送太贵重的礼物，使对方误认为业务员另有企图。

（二）美国

1. 美国的主要节日和饮食习惯

在美国，圣诞节（12月25日）是最受重视的节日，法定节日还有新年（1月1日）、独立日（7月4日）、感恩节（11月的第4个星期四）等。在饮食习惯方面，美国人的饮食习惯比较保守，口味偏向于生、冷、清、淡和咸中带甜，喜欢煎、炒、炸的食品，不喜欢在烹调时把调味品放入，而是喜欢将调味品放在餐桌上，由进餐者调味。美国人一般不爱喝茶。

2. 与美国客户谈生意时的注意事项

（1）与美国客户谈生意时，是和否必须保持清楚。如果我方提出的建议他们不能接受，他们会毫不隐讳地直言相告。当我方无法接受对方提出的条款时，也要明确地告诉对方，不要含糊其词。

（2）美国客户讲究高效率，喜欢直接进入话题，不论在观点上，还是在表明立场态度上，他们都比较直接、坦率，不愿拖泥带水。

（3）美国客户重视合同，法律观念强，非常重视合同的法律性。在他们看来，如果签订合同后不能履约，那么就要严格按照合同的违约条款支付赔偿和违约金，没有再协商的余地。

（4）美国客户重视管理。美国客户认为公司的价值和管理能力有着密切的关系，管理的水平会直接体现在产品质量上。因此，在向美国客户展示产品的同时，不要忘了介绍公司的管理团队及正规的管理方式。

（三）英国

1. 英国的主要节日和饮食习惯

英国最重要的节日是圣诞节（12月25日），重要的节日还有新年（1月1日）、万圣节（11月1日）等。在饮食习惯方面，英国人的口味偏向于清、淡、酥、香，不喜辛辣。英国人每餐都喜欢吃水果，晚餐喜欢喝咖啡。英国人大多喜爱喝茶。

2. 和英国客户谈生意时的注意事项

（1）英国客户冷静稳重、自信内敛、注重礼仪、崇尚绅士风度，一般举止高雅，遵守社会公德，有礼让精神。同时，他们也很关注对方的修养和风度，如果业务员能在谈判中显示出良好的修养和风度，会很快赢得他们的尊重，为谈判成功打下良好的基础。

（2）英国客户喜欢按部就班，特别看重订单的循序渐进。因此业务员要特别注意试订单或样品单的质量，因为这是英国客户考察卖家的先决条件。如果试订单或样品单可以很好地满足英国客户的要求，他们才会逐步给卖家更多、更大的订单。

（3）很多英国的大客户并不住在城市里，因为一些有悠久历史、传统的家族公司（如制鞋业、皮革业等）性质的英国客户，很可能住在庄园、村庄里面。

（四）法国

1. 法国的主要节日和饮食习惯

法国的主要节日有新年（1月1日）、巴士底日（7月14日）、万圣节（11月1日）、圣诞节（12月25日）、停战日（11月11日）等。在饮食习惯方面，法国人不喜辛辣，爱吃冷盘，法国人引以为荣的是他们的葡萄酒、面包和奶酪，他们通常将美食和艺术结合起来，饮食和艺术相辅相成，互相渗透。

2. 与法国客户谈生意时的注意事项

（1）法国客户一般都比较注重给自己的民族文化和本国语言，因此在进行商务谈判时，他们往往习惯于要求对方用法语来谈判。所以与法国客户谈判时，最好事先找一名优秀的法语翻译。法国客户大多性格开朗、十分健谈，他们喜欢在谈判过程中说些新闻趣事，创造一种轻松的气氛。因此，多了解一些法国文化、电影文学、艺术摄影等方面的知识，有助于与法国客户沟通、交流。

（2）法国客户在谈判中重视合同条款，思路灵活，效率高，注重依靠个人力量达成交易。在进行商务谈判时，多由一个人负责决策，很少有集体决策的情况，谈判效率较高。

（3）法国客户对产品的质量要求十分严格，条件比较苛刻，同时他们也十分重视产品的美感，要求包装精美。

（五）德国

1. 德国的主要节日和饮食习惯

德国除新年（1月1日）、圣诞节（12月25日）、万圣节（11月1日）等节日之外，主要的节日还有德国统一日（10月3日）、慕尼黑啤酒节（每年9月最后一周至10月第一周）等。在饮食习惯方面，德国人口味清淡、喜酸甜，不爱吃油腻、辛辣的菜肴，爱吃各种水果及甜点。德国人喜欢喝啤酒，也喜欢喝葡萄酒。

2. 与德国客户谈生意时的注意事项

（1）德国客户严谨、保守、思维缜密。在谈判前，德国客户会做好充分、周到的准备工作，不仅知道谈判的议题、产品的品质和价格，而且对对方公司的经营、资信情况也会做出周密的研究和比较。

（2）德国客户追求质量、讲究效率、关注细节。德国客户对产品的要求非常高。

（3）德国客户信守合同，崇尚契约。德国客户素有"契约之民"的称号，他们对合同中的任何条款都非常细心，对所有细节认真推敲，一旦签订合同就会严格遵守，按合同条款一丝不苟地执行，不论发生什么问题都不会轻易毁约。

三、大洋洲国家和地区

大洋洲包括澳大利亚、新西兰等国家和地区。下面以澳大利亚为例，介绍澳大利亚的主要节日和饮食习惯，以及与澳大利亚客户谈生意时的注意事项。

1. 澳大利亚的主要节日和饮食习惯

澳大利亚的主要节日有新年（1月1日）、国庆日（1月26日）、堪培拉日（3月的第2个星期一）、圣诞节（12月25日）等。在饮食习惯方面，澳大利亚人的口味和英国人差不多。

2. 与澳大利亚客户谈生意时的注意事项

（1）澳大利亚客户认为"高枝必砍之"，应该尽量避免向澳大利亚客户显示头衔和业绩，任何自吹自擂和炫耀都会给其留下消极的印象。

（2）澳大利亚的谈判人员一般都是具有决定权的人。他们极不愿意把时间浪费在不能做决定的空谈中，也极不愿意在讨价还价上浪费时间。他们大多采用招标的方式，不给予讨价还价的机会，所以业务员一般应以最低价格议价。

（3）澳大利亚客户注重产品的品质和细节，澳大利亚海关对于进口产品的质量有非常严格的要求。

（4）与澳大利亚客户建立关系的最佳途径是通过他们在我国的采购代理。没有采购代理的介入，大的澳大利亚客户不会与你直接交易。因此，对澳大利亚市场感兴趣的卖家应首先与采购代理联系，以确保自己被作为可接受的供应商登记在册，并在澳大利亚客户来访时被安排与他们会谈。

四、非洲国家和地区

非洲国家和地区众多，下面以南非为例，介绍南非的主要节日和饮食习惯，以及与南非客户谈生意时的注意事项。

1. 南非的主要节日和饮食习惯

南非的主要节日有新年（1月1日）、人权日（3月21日）、自由日（4月27日）、独立日（5月31日）等。在饮食习惯方面，南非人以吃西餐为主，经常吃牛肉、鸡肉、鸡蛋和面包，爱喝咖啡与红茶。

2. 与南非客户谈生意时的注意事项

（1）对南非客户来说，采购价格是第一位的。只要价格低，产品能用，他们对产品的外观、品质并不重视。南非客户喜欢讨价还价，为了低价，他们不惜拉长谈判时间。

（2）南非贸易公司的普遍特点是要货杂、用量少、要货急。在价格符合预期的情况下，下单比较快。

（3）在南非，英语是官方语言。但是南非客户在线上交流时，其语言表达往往比较简单、不规范。因此在和南非客户交流时，一定要耐心和细心，应反复确认，避免出错。

（4）南非客户的付款方式大多是 T/T，不喜欢用 L/C。但是对于大额订单，L/C 往往是必需的选择。

（5）与南非客户合作，一定要重视合同。在合同上要尽量明确、细化相关的责任，交货期和转运期的安排期限不宜太长，避免客户违约。

本章小结

为了考察产品质量、寻找长期合作伙伴或进行合同会谈，跨境电商 B2B 平台上的客户有时会亲自到卖家的工厂进行考察，接待好海外客户以促进交易的达成非常重要。本章从海外客户的接待、国际商务谈判的技巧和策略及世界主要国家和地区的主要节日和饮食习惯三个方面，助力业务员顺利进行贸易磋商以获得更多的订单。所谓"千人千单"，没有哪一位客户的成单过程会和另一位客户完全相同，有时针对不同的客户，一一分析并采取措施会起到"四两拨千金"的逆转局面的效果。下一章将以阿里巴巴国际站业务员的询盘操作为例，详谈这一平台上助力业务员成单的 RFQ 板块、阿里巴巴一达通服务和阿里巴巴信用保障服务。

第五章

阿里巴巴国际站业务操作必备

在第四章我们学习了海外客户接待、国际商务谈判的相关知识。无论是在跨境电商 B2B 平台上的商务谈判，还是和客户面对面的商务谈判，对于交易双方而言，达成合作是商务谈判的目的。除了一般的商务谈判的技巧，有效地利用跨境电商 B2B 平台提供给卖家的各种资源，也能使业务员达到事半功倍的效果。作为国际上主流的跨境电商 B2B 平台，阿里巴巴国际站的一些功能对于促进卖家成单很有帮助。例如，阿里巴巴国际站的 RFQ 板块，给买家和卖家提供了免费的公共询盘交流区域。除此之外，阿里巴巴国际站还推出了一达通服务和信用保障服务，为买卖双方搭建信用平台。

第一节　阿里巴巴国际站 RFQ 板块

思考：

1. 什么叫 RFQ？阿里巴巴国际站的 RFQ 通道有哪几条？
2. RFQ 报价制胜的关键性因素有哪些？

本节学习的重点是如何快速有效地进行 RFQ 报价。在跨境电商 B2B 平台上，RFQ 板块通常是指平台上的公共报价区域，在这一区域，买家可以对感兴趣的产品发起公共询盘，卖家可以在公共询盘区域寻找合适自己的询盘，进行询盘回复，和买家建立联系，进而对买家所要产品进行报价。

一、RFQ 报价及其路径

阿里巴巴国际站中 RFQ 板块叫采购直达。阿里巴巴国际站对采购直达的定义如下：采购直达是一个买卖双方从达成意向到完成订单的高效的线上外贸通道。在这个公开的大市场中，买家会主动发布采购需求，卖家可以自主挑选合适的买家进行报价。采购直达能够在大幅度提升买家采购效率的同时，帮助卖家更好地完成订单转化，获得更多高质量买家。阿里巴巴国际站的卖家报价权限有免费和付费两种。每个阿里巴巴国际站的卖家都有一定的免费 RFQ 报价的权限，超过规定的权限时，卖家可以购买更多的 RFQ 权限。阿里巴巴国际站不同用户类型的报价权限如表 5-1 所示。

表 5-1　阿里巴巴国际站不同用户类型的报价权限

用户类型	服务前提	报价权限	奖励措施	惩罚
出口通会员	出口通服务正常履行中，且报价前规定时间内无违规及/或投诉记录	1. 报价对象：有效 RFQ 2. 基础报价权限：20 条/月	根据供应商在 RFQ 市场的表现判定该供应商的服务力得分①，进而享有额外的定额报价权益	当月累计差评≥3条，次月3日开始冻结报价权限7天
金品诚企会员	金品诚企服务正常履行中，且报价前规定时间内无违规及/或投诉记录			
阿里通行证会员	以采购直达商机服务订购相关合同及/或采购直达市场运营活动为准	1. 报价对象：有效 RFQ 2. 报价权限：可通过购买或参加采购直达市场运营活动获取报价权益	无	
免费会员				

① 服务力得分：以分值的形式对供应商在 RFQ 市场的表现、店铺商机转化的表现和线下实力进行综合评价。表现越佳，分值越高。

　　阿里巴巴国际站对于在平台上服务力得分较高的卖家有相应的奖励措施，如图 5-1 所示。而对于阿里巴巴国际站的买家而言，买家发起公共询盘是免费的，但是买家也可以交纳一定的费用成为 RFQ 付费会员，这样的买家可以获得更多的卖家报价权益。RFQ 付费会员所发布的询盘质量通常较高，卖家应该特别重视。业务员要想较好地掌握 RFQ 报价功能，应该了解阿里巴巴国际站的买家板块，也就是买家在哪里、如何发起公共询盘，同时更应该熟练掌握 RFQ 报价操作，从而更快地获取 RFQ，高效地发起报价。

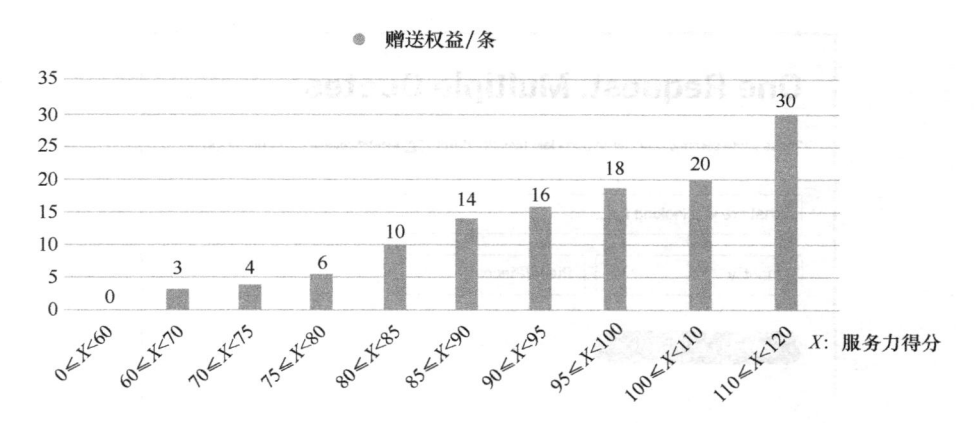

图 5-1 RFQ 报价奖励措施

（一）阿里巴巴国际站 RFQ 板块的买家入口

RFQ 板块的买家入口有三个。第一个是在阿里巴巴国际站首页导航栏中部，单击"Services"选项卡，在下拉菜单中选择"Source Solutions→Submit RFQ"选项进行 RFQ 报价，如图 5-2 所示。第二个是在阿里巴巴国际站首页的中部偏右的位置的标题为"One Request，Multiple Quotes"的窗格，如图 5-3 所示。第三个是在卖家产品信息界面中买家发起询盘的位置，如图 5-4 所示。也就是说，买家在向一个卖家发起询盘的同时，可以通过勾选复选框，同时提交 RFQ。

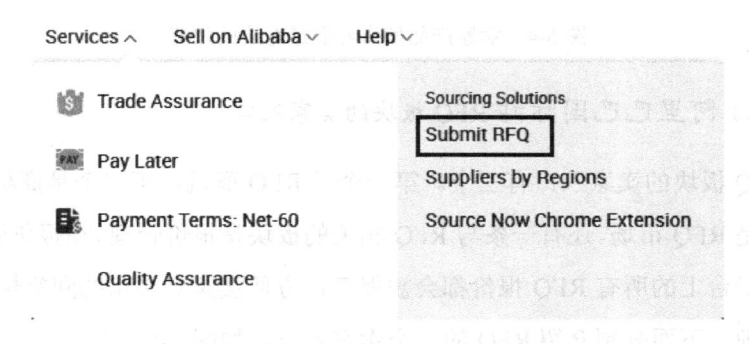

图 5-2 Services 选项卡

图 5-3 "One Request，Multiple Quotes"窗格

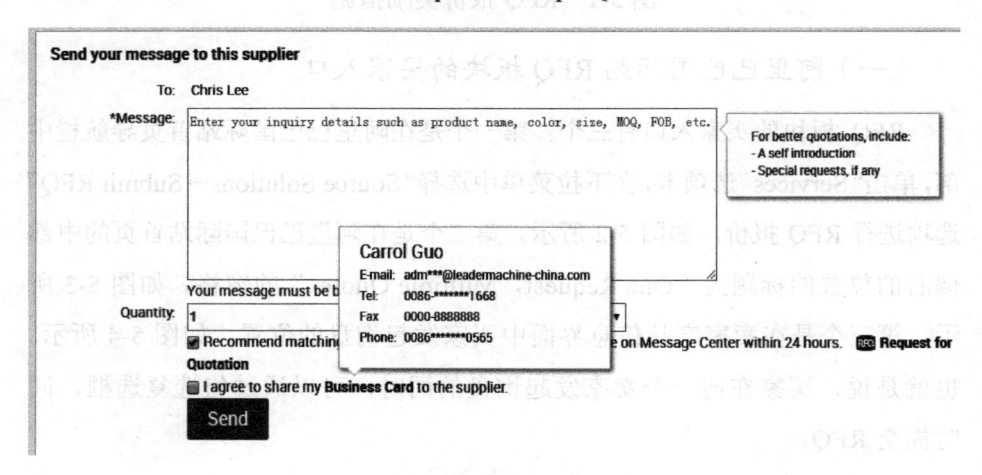

图 5-4 卖家产品信息界面最右边的位置

（二）阿里巴巴国际站 RFQ 板块的卖家入口

RFQ 板块的卖家入口有三个。第一个是 RFQ 商机，第二个是商机订阅，第三个是 RFQ 市场。还有一条与 RFQ 相关的板块是报价管理。在报价管理中，卖家在平台上的所有 RFQ 报价都会被保存，方便卖家对买家的回复情况进行跟踪管理。下面分别介绍 RFQ 的三个卖家入口，如图 5-5 所示。

第五章　阿里巴巴国际站业务操作必备

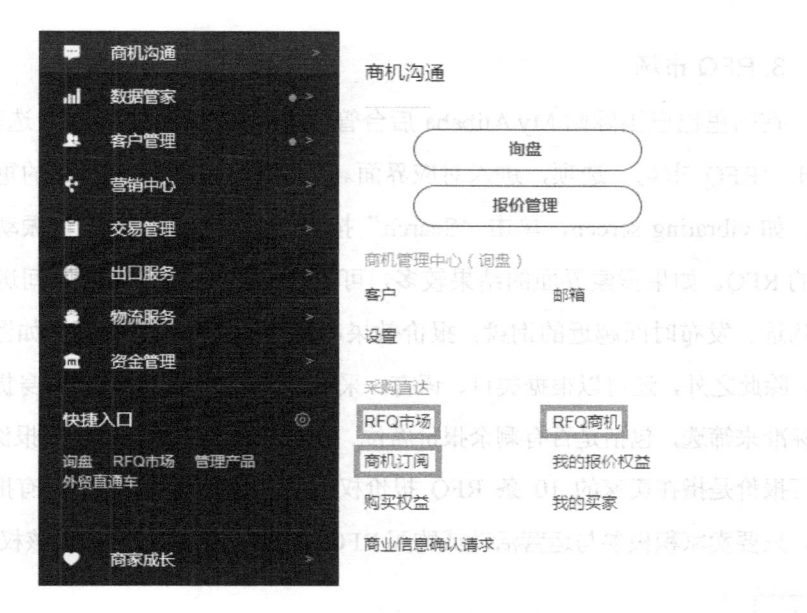

图 5-5　RFQ 的三个卖家入口

1. RFQ 商机

在阿里巴巴国际站 My Alibaba 后台管理系统中的"商机沟通"选项卡中，单击"RFQ 商机"选项，进入对应界面。此部分是阿里巴巴国际站根据卖家所属的行业自动推荐的 RFQ。对于卖家而言，这种方式最便捷。但是由于此部分是阿里巴巴国际站自动推荐的，因此对具体的产品类别、型号的针对性不强，这部分 RFQ 的适用性根据卖家的具体情况而不同，对有的卖家参考性强，对有的卖家参考性不强。

2. 商机订阅

在阿里巴巴国际站 My Alibaba 后台管理系统中的"商机沟通"选项卡中，单击"商机订阅"选项，进入对应界面，对感兴趣的产品类目和关键词进行订阅。订阅完成后，阿里巴巴国际站会自动根据卖家所订阅的产品类目和关键词向卖家推送 RFQ 信息。

3. RFQ 市场

在阿里巴巴国际站 My Alibaba 后台管理系统中的"商机沟通"选项卡中，单击"RFQ 市场"选项，进入对应界面。在搜索栏中，输入常用的重点关键词，如 vibrating screen，单击"Search"按钮，可以看到一些与"振动筛"相关的 RFQ。如果搜索界面的结果较多，可以根据 RFQ 所发布的时间进行询盘的筛选。发布时间越近的询盘，报价效果越好，越应该引起重视，如图 5-6 所示。除此之外，还可以根据类目、语言、采购量和阿里巴巴国际站本身提供的一些标准来筛选，包括是否有剩余报价席位、是否有附件和是否畅行可报价等。畅行可报价是指在卖家的 10 条 RFQ 报价权益用完的情况下仍然可以有报价的机会。只要卖家积极参与运营活动或购买 RFQ 套餐包，就有机会获得该权益。

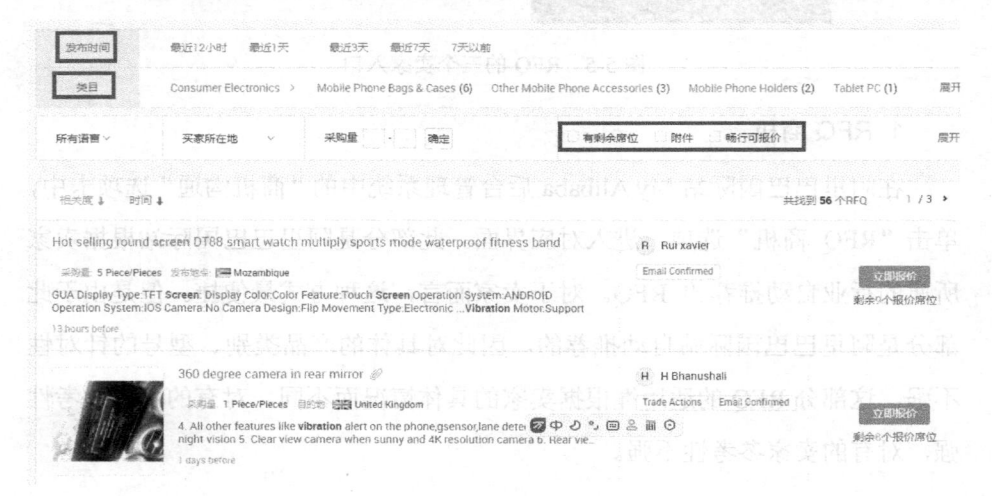

图 5-6 搜索结果

二、RFQ 报价环节

当业务员选定了合适的 RFQ 后，就进入 RFQ 报价界面，RFQ 报价的形式有两种。

（一）从我发布的产品导入

首先单击"从我发布的产品导入"按钮，假设业务员已经发布过 vibrating screen 这样一款产品，这款产品就可以被搜索到，单击"确认"按钮，这款产品的名称、编号、产品细节、交易详情都会被上传到 RFQ 报价界面上。在报价环节需要特别关注的有两点。

（1）产品的单价需要业务员认真填写。产品的单价，一般要填和产品价格比较接近的价格，价格不要报得过高，过高的话客户会出现排斥心理，但也不要报得过低，过低的话客户会因真实的价格高于标价而心存芥蒂。

（2）给客户的留言。这部分是 RFQ 报价中最重要的部分，由于阿里巴巴国际站是以产品批发和大型设备交易为主的平台，产品的型号往往需要和客户进一步沟通才能确认，因此第一次 RFQ 报价时往往不能直接给客户最准确的价格。所以给客户的留言这个部分其实是买卖双方进行直接交流的板块。其内容可以参照询盘首回复，二者的思路是一脉相承的。这里给出一个模板，供参考。

Dear ×××,

Thank you for RFQ from Alibaba dated on ×××. This is Livia from ××× Co., Ltd.（感谢及自我介绍）

Our company is a professional ××× supplier. We have ××× years of export experience of all kinds of ×××（产品）and we enjoy good reputation in ×××（国家）. Our products have acquired the CE certification.（根据公司情况来写，可以突出从业时间、认证、展会信息等，如果在当地有合作的大客户，也可以适当提及。）Please find the details of the item as follows.（介绍公司情况、产品优势并附上产品目录、工程案例等资料。）

To choose suitable machine, could you please tell me:

1.

2.

…

So that I can introduce some suitable products for your reference.

You can add my Skype or WhatsApp or call me back for any information.（给客户留下即时联系方式或询问客户联系方式。）

I am looking forward to your early reply.

Best regards,

Livia

不同客户发布的 RFQ 是不一样的，业务员应该有针对性地分析客户发布的 RFQ，将回复模板修改后发送。接下来需要附上公司的产品目录、公司介绍或者过往的案例以显示业务员的专业度，然后就可以提交报价了。提交报价之后，这位客户完整的相关信息就会在 RFQ 管理界面出现，包括这位客户的名字、电话、邮箱信息。建议业务员在报价之后，将 RFQ 报价信息也发送到客户的邮箱中，以免客户没有登录阿里巴巴国际站查收报价。

（二）报价模板

在提交报价的旁边有个区域能够保存报价模板，下一次如果有客户咨询相似的产品，业务员可以直接使用报价模板快速报价。其操作方式是，找到"我的报价模板"及要报价的那款产品，单击该产品，就可以看到这款产品所有的报价信息及给客户的留言部分。

三、RFQ 报价中需要注意的问题

一个 RFQ 至少有 10 个报价名额，也就是说，至少有 10 个卖家竞争同一个询盘，RFQ 报价如此大的竞争程度也增加了业务员通过 RFQ 获得订单的难度。因此业务员要想在 RFQ 报价中脱颖而出，就必须想办法让自己的回复能够吸引客户眼球。在 RFQ 报价中需要注意以下三个问题。

（一）专业度

在 RFQ 报价中，业务员的专业度是非常重要的。要想让自己回复的专业度高，业务员必须十分熟悉公司产品的属性和特点，能详细地分析 RFQ，提炼出主要的问题，给予一一解答，并能在必要的情况下结合产品的属性归纳出一些问题与客户交流，最终达到与客户深度交流的目的。特别需要注意的是，在 RFQ 报价中要注意充分利用附件，给客户发一些公司以往的案例，尤其是与客户需求相似度高的案例，能极大地吸引客户的注意力。此外，建议给客户发一些公司介绍和公司实力证明，如 ISO 认证、CE 认证等重要的证书，也会给客户留下较深的印象。

（二）时效性

在 RFQ 报价中最直接能够吸引客户眼球的是众多报价中的第一个，然后是第二个，靠后的回复在吸引客户方面不占优势。在对阿里巴巴国际站的一项调查中显示，几乎 100%的客户都十分看重报价的时效性。所以如果业务员回复得快，专业度又高，胜出的概率就会变高。

（三）及时跟踪

在 RFQ 报价中有时也会遇到这样的情况，给客户报价后客户没有回复，在后台查看客户回复情况时显示，众多的报价该客户都没有查看。这种情况很正常，在这种情况下业务员应该及时跟踪客户，可以通过邮件与客户直接联系，询问客户是否收到 RFQ 报价，可以在该邮件中重复 RFQ 报价中的重要部分，引起客户的注意。

四、实操

请根据你所在的行业或你感兴趣的特定某一行业的产品，整理一张产品的关键词表（可以用 Word 或 Excel 制作），然后以关键词的重要程度对关键词表进行分类，分别归纳出非常重要关键词、比较重要关键词、一般关键词。然后从非常重要关键词中选出一个，进行 RFQ 搜索，在客户的 RFQ 中，选出你认为质量比较高的进行报价，对照高质量 RFQ 报价的标准，判断自己在哪些方面还有提升空间。

第二节　阿里巴巴一达通服务及下单流程

思考：

1. 阿里巴巴一达通服务是指什么？
2. 阿里巴巴一达通服务的使用流程是什么？

阿里巴巴一达通服务和信用保障服务被归纳到业务员必须具备的知识当中，一方面是因为一达通服务和信用保障服务的操作在很多公司是由业务员完成的，或者是由业务员协助跟单员完成的，另一方面是因为业务员只有非常了解这两种服务的内容、特点及操作流程，才能向客户有效地传达这两大工具对于客户的益处，从而让这两大工具成为协助业务员成交订单的利器。

一、阿里巴巴一达通服务及其发展历程

阿里巴巴一达通服务的出现是阿里巴巴国际站发展的自然需求。很多平台上的卖家是中小型公司，缺乏对出口通关、外汇、退税甚至物流和金融等方面的相关经验，为了满足中小型公司对这类业务进行外包的需要，阿里巴巴一达通服务应运而生。一达通是阿里巴巴旗下外贸综合服务平台，也是中国专业服务于中小微公司的外贸综合服务行业的开拓者和领军者。在过去的10余年中，通过线上操作及建立有效的信用数据系统，一达通一直致力于持续地推动传统外贸模式的革新。通过整合各项外贸服务资源和银行资源，一达通目前已成为中国国内进出口额排名第一的外贸综合服务平台，为中小微公司提供专业、低成本的通关、外汇、退税及配套的物流和金融服务。

在金融方面，一达通与中国 7 家主要商业银行合作，根据中国卖家的出口数据提供纯信用贷款的金融服务。在物流方面，一达通通过整合船运公司和货代资源，为客户提供安全、价格 100%透明的整柜拼箱服务。

二、阿里巴巴一达通服务的种类

根据申报退税责任承担主体的不同,阿里巴巴一达通服务可以分为出口综合服务（3+N）和出口代理服务（2+N）两种类型。

出口综合服务（3+N）：基础服务为通关、外汇、退税，即卖家开具增值税发票给一达通平台，一达通平台在满足退税条件后代退税给卖家。

出口代理服务（2+N）：基础服务为通关、外汇，即一达通平台通过各地税务局开具"代理出口货物证明"，卖家自行进行退（免）税。

二者的区别是是否支持一达通代理退税。3+N 支持一达通代理退税，2+N 则是由卖家自行退税。

三、阿里巴巴一达通服务的使用流程

对于卖家而言，要通过一达通平台进行一系列的操作，以完成通关、外汇、退税等相关的工作，故卖家应掌握一达通服务的使用流程，以确保顺利出口、收汇和退税。表 5-2 给出了阿里巴巴一达通服务的使用流程。

表 5-2 阿里巴巴一达通服务的使用流程

服务类型	出货前	出货后
出口综合服务（3+N）	1. 预收外汇/生产备货 2. "双审"：产品预审和开票人预审 3. 卖家和一达通平台双备案 4. 自助下单 5. 签署委托函 6. 审单/准备报关资料 7. 出关/放行	1. 出口收汇 2. 结算退款 3. 提供增值税发票 4. 释放退税融资款

第五章　阿里巴巴国际站业务操作必备

（续）

服务类型	出货前	出货后
出口代理服务 (2+N)	1. 预收外汇/生产备货 2. 产品预审 3. 自助下单 4. 签署委托函 5. 审单/准备报关资料 6. 出关/放行	1. 出口收汇 2. 结算退款 3. 一达通开具"代理出口货物证明" 4. 客户在当地税务局自行申报退（免）税

（一）出口综合服务（3+N）的使用流程

在卖家出货前：

（1）国外客户将预付款或全款打到卖家的一达通账户，一达通平台预收外汇（货款），并通知卖家款项已到，卖家组织生产备货。

（2）卖家在一达通平台进行产品信息和开票人信息的提交，一达通平台负责产品预审和开票人预审。

（3）卖家和一达通平台双备案。

（4）卖家在一达通平台进行自助下单。

（5）卖家签署委托函，委托一达通平台代理出口。

（6）如果一达通平台负责报关，一达通平台将负责审单及相关的报关资料的准备。如果卖家自行出口报关，卖家需自行准备报关资料。

（7）如果一达通平台负责报关，一达通平台负责向海关递交所需材料，使货物顺利出关。如果卖家自行出口报关，卖家委托报关行报关，使货物顺利出关。

在卖家出货后：

（1）一达通平台负责出口收汇。

（2）一达通平台负责向卖家结算退款。

（3）卖家负责提供增值税发票给一达通平台。

（4）一达通平台向国家税务总局申请退税，然后向卖家退税。

（二）出口代理服务（2+N）的使用流程

在卖家出货前：

（1）国外客户将预付款或全款打到卖家的一达通账户，一达通平台预收外汇（货款），并通知卖家款项已到，卖家组织生产备货。

（2）卖家在一达通平台进行产品信息提交，一达通平台负责产品预审。

（3）卖家在一达通平台进行自助下单。

（4）卖家签署委托函，委托一达通平台代理出口。

（5）如果一达通平台负责报关，一达通平台将负责审单及相关的报关资料的准备。如果卖家自行出口报关，卖家自行准备报关资料。

（6）如果一达通平台负责报关，一达通平台负责向海关递交所需材料，使货物顺利出关。如果卖家自行出口报关，卖家委托报关行报关，使货物顺利出关。

在卖家出货后：

（1）一达通平台负责出口收汇。

（2）一达通平台负责向卖家结算退款。

（3）一达通平台开具"代理出口证明"给卖家。

（4）卖家在当地的税务局自行申报退税。

四、实操

请结合具体的订单，具体操作一达通平台。考虑到此过程需要结合具体的订单，在实操参考答案中，读者可以查阅代理订单的一达通跟单流程，结合具体的步骤指引完成操作。下面以振动筛的一达通下单过程为例，进行具体操作。

打开阿里巴巴国际站，单击"一达通金融物流"按钮，并单击"通关外汇和退税"按钮。

第五章 阿里巴巴国际站业务操作必备

（1）进入一达通平台，在这个平台上面经常用到的功能是：下单准备、立即下单和订单管理。下单准备应该在什么时候进行呢？和客户约定了交易之后，业务员把其公司的一达通账户发给客户，客户向账户支付预付款或者全款后，卖家就可以开始组织生产了。

（2）业务员在一达通平台填写产品信息，为下单做准备。首先进入产品管理界面，在产品管理界面中添加要出口的产品，例如振动筛。在搜索栏中输入振动筛，然后单击"搜索"按钮，按照一达通平台的提示，输入商品的品名、用途、型号，例如 A-10，然后单击"保存"按钮，接下来单击"下一步"按钮，然后进行产品资料上传。这个过程中，凡是有红色星号的栏目都是必须要填写的，没有红色星号的栏目不是必须要填写的。业务员可以选择性地上传，上传以后，单击"下一步"按钮，选择负责此业务的业务员，提交产品预审单。

（3）当业务员把产品预审单提交到一达通平台后，一达通平台的工作人员就会在后台进行相关的操作，如果审核通过，提交的产品会在一达通平台的界面上显示。

（4）在产品即将报关之前，业务员需要至少提前一周在一达通平台下单。单击"代理出口订单"按钮，也就是由卖家自行退税，然后勾选"我已确认上述规则"选项，单击"确认"按钮，进入下单界面，在下单界面中根据提示完成收费方式与报关方式的选择，并且填写产品及开票人信息，如果有相关附件，应该进行相关附件的上传工作。下单完成后，下单的信息会在订单管理界面出现，说明业务员成功地完成了下单工作。接下来的出口报关、出货、收款、退税通常由卖家的跟单员完成。

第三节　阿里巴巴信用保障服务及操作流程

思考：
1. 阿里巴巴信用保障服务的概念是什么？
2. 阿里巴巴信用保障服务的操作流程是什么？

阿里巴巴信用保障服务是建立在一达通服务基础上的阿里巴巴国际站的另一大创举。它能够极大地提升买家对卖家的信任，从而促进阿里巴巴国际站买卖双方交易的顺利达成。什么是信用保障服务呢？我们先从一个案例谈起，2019年3月，×××有限公司的业务员在阿里巴巴国际站平台上接到了一个来自日本的花生联合收货机的询盘，向客户报价后，客户提出要来参观工厂。虽说是件好事，但是如果参观工厂后再下单，这个单子至少要延迟两个月的时间。于是外贸经理想出来一个方法，让业务员对客户说："我们公司支持信用保障订单，买家预付款后，如果我们不发货或者发货产品有质量问题，阿里巴巴国际站可以支付信用保障额度之内的赔款。"于是日本客户向当地阿里巴巴办事处咨询了信用保障服务是什么，结果很快就下了单。从客户咨询到下单，只用了10天时间，客户也没有来参观工厂。从这个案例可以看出，阿里巴巴信用保障服务是客户下单的加速器。

一、信用保障服务的概念及起源

（一）信用保障服务的概念

阿里巴巴信用保障平台是全球第一个跨境电商B2B平台成立的第三方交易担保服务平台。信用保障服务的内容是：阿里巴巴国际站根据真实贸易数据为使用者评估一个信用保障额度，帮助买卖双方解决交易过程中的信任问题，为买卖双方提供贸易安全保障。具体来说，信用保障服务就是阿里巴巴国际站在对卖家进行评估后计算出一个信用保障额度，一旦买卖双方交易过程中在资金、期限或质量等方面出现问题，阿里巴巴国际站将会在信用保障额度范围内根据合同约定为卖家背书，为买家提供保障；同时信用保障服务通过卖家交易等级、交易评价等数据为买家全方位多维度地展示卖家的综合实力，促成订单的快速转化。通俗地说，如果阿里巴巴国际站的买卖双方约定使用信用保障服务，买家需在线支付预付款或者全款给卖家的一达通账户，阿里巴巴一达通平台帮助卖家出货（即提供通关、外汇、退税、物流、金融等多项服务），并且为买家提供保障。在卖家不发货或者发货质量有问题时，信用保障服务可以对买家进行先行赔付。

（二）信用保障服务的起源

为什么阿里巴巴国际站要推出信用保障服务呢？在跨境电商 B2B 平台上，买家进行跨国采购的最大障碍往往就是信任问题。对于很多买家而言，尤其是第一次合作时，不了解卖家的实力和信誉度，就会担心交易货款安全、产品质量、交货期等问题。这些问题如果没有办法解决，将会影响买家在阿里巴巴国际站上与卖家交易的积极性。买家对卖家不信任，会导致买家不愿意支付预付款。卖家对买家的不信任，会导致卖家也不会轻易对买家进行赊销。因此为了解决买卖双方的信任问题，阿里巴巴国际站就在一达通服务的基础上推出了信用保障服务。

二、信用保障服务对买家和卖家的好处

信用保障服务的推出对于买卖双方都是有益的。

（一）对阿里巴巴国际站买家的好处

1. 先行赔付，利益保障

在信用保障服务下，买家的预付款或者全款是打到阿里巴巴国际站中卖家的一达通账户的，因此资金有安全保障。在卖家不发货、少发货、发货产品质量有问题的情况下，买家都可以在收到货物 30 天内向阿里巴巴国际站信用保障中心申诉，阿里巴巴国际站信用保障中心在确认情况属实的前提下，就会在信用保障额度之内先行赔付，这样就给买家带来了极大的利益保障，让买家在阿里巴巴国际站上可以放心地进行交易。

2. 操作简单，付款便捷

信用保障服务使用在线支付的方式。买家可以使用 E-Checking、信用卡和 T/T 等多种方式付款，操作简单、付款便捷。买家的款项由阿里巴巴国际站的反欺诈系统进行安全保护。

（二）对于阿里巴巴国际站卖家的好处

1. 积信用，促商机

信用保障服务通过为买家提供交易保障，让不敢下单的买家下单了，让犹豫不决的买家不再犹豫了，极大地增加了阿里巴巴国际站的成交概率。信用保障服务能够将卖家在阿里巴巴国际站上的行为及真实贸易数据（图 5-7）等信息不断沉淀，将交易数据进行多维度展现，帮助卖家赢得更多买家的信任，促进卖家获得更多商机。

2. 缓解卖家的资金周转压力

信用保障服务不仅能够帮助卖家收款，而且能够在买家成功支付预付款至卖家的一达通账户后，从一达通账户向卖家进行结汇并放款，无须押款，可以很好地缓解卖家的资金周转压力。

第五章　阿里巴巴国际站业务操作必备

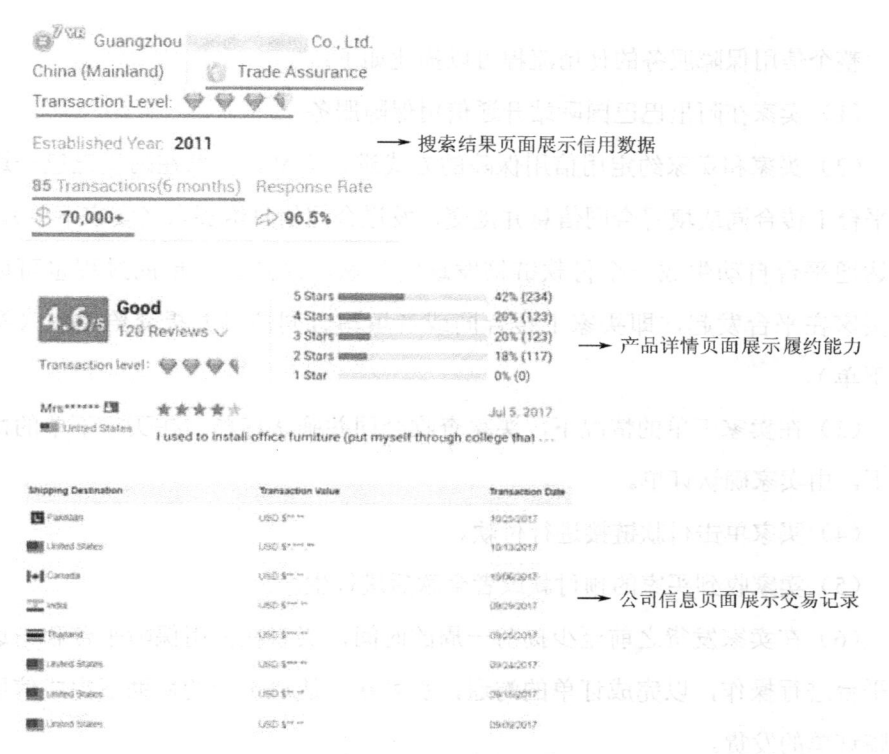

图 5-7　真实贸易数据

三、信用保障服务的使用流程

信用保障服务是一种对买家和卖家都有好处的创新型产品。业务员应该学会信用保障服务的使用流程,这样才能向客户更好地解释信用保障服务,以更好地促进交易的达成。信用保障服务的使用流程如图 5-8 所示。

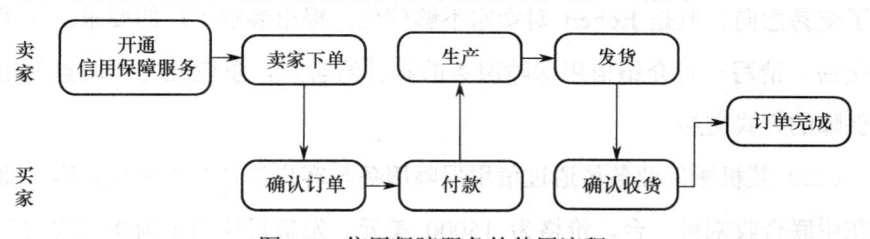

图 5-8　信用保障服务的使用流程

225

整个信用保障服务的使用流程可以描述如下：

（1）卖家在阿里巴巴国际站开通信用保障服务。

（2）买家和卖家约定用信用保障的方式进行交易。卖家在阿里巴巴一达通平台上传合同或填写合同信息并提交，发送合同信息给买家（卖家下单）。一达通平台自动生成一个付款链接发送给买家。注意：下单的过程也可以由买家在平台发起，即买家上传合同或者填写合同信息并提交给卖家（买家下单）。

（3）在卖家下单的情况下，买家查收合同并确认订单。在买家下单的情况下，由卖家确认订单。

（4）买家单击付款链接进行付款。

（5）卖家收到买家的预付款或者全款后进行生产。

（6）在卖家发货之前至少提前一周的时间，买家在信用保障平台和一达通平台进行操作，以完成订单的沟通，卖家在一达通平台的协助下完成信用保障订单的发货。

（7）买家收到货物后，确认收货。

（8）订单完成。

四、实操

（一）业务员 Livia 和客户 Robert 在跨境电商 B2B 平台上经过询盘沟通达成了交易意向。但是 Robert 对卖家不够信任，提出参观工厂的要求。为了加速交易，请写一封介绍信用保障服务的邮件给客户，争取让客户同意使用信用保障的方式交易。

（二）某机械厂业务员通过信用保障服务与客户签订合作协议。客户将采购花生联合收割机一台，价格为 15000 美元。发货日期约定为卖家收到全款后七个自然日之内，卖家使用一达通平台报关。信用保障服务保障到客户收货后。请在说明阿里巴巴国际站上下单并发给客户相应付款链接，以完成信用保障服务下单的流程。

本章小结

　　不同跨境电商 B2B 平台上的业务处理操作方式虽有区别，但是也有许多共性。本章具体讲解了阿里巴巴国际站上助力业务员成交订单的有力工具：RFQ 板块、一达通服务和信用保障服务，对阿里巴巴国际站业务员来说具有直接的指导意义。同时，由于 RFQ 板块几乎在所有的跨境电商 B2B 平台上都有设置，因此这部分内容对业务员来说具有普遍的参考意义。建议业务员在操作不同的跨境电商 B2B 平台时能尽可能多地了解不同平台的业务特点，以最大限度地利用平台的优势成交订单。

附录 A

实操参考答案

一、第三章第一节实操参考答案

（一）主题：Re:Mr Lee, OEM Factory Contact

正文：

Dear Mr Li,

This is Livia from Xinxiang ×××Machinery company.

I got your contact from Carton Fair of 2018 where we met and we are very pleased that you express interest in communicating more about our company.

Xinxiang ××× Machinery company specializes in the machinery processing industry since 2003. Our main area is in vibrating screen, conveyor and milling machine. Although we promote our products in independent brand, we also accept OEM manufacturing. Our company has full sets of high-tech processing machines from plate sheering machine to polishing machine，particularly the laser plate cutting machine we are using now is of the highest technology in the world having precision difference within 1mm. Next month our company will buy a set of new sand-spraying machine so as to meet some customer hope to get the surface of machine with sand spraying art.

Attached please find the picture for all important processing machines and the machines we have made to show you our product quality.

For any inquiries from your customer, you can contact us for quotation.

I look forward to cooperation with you.

Best regards,

Livia

分析：从背景来看，该客户所在公司为贸易公司，客户自己是工程师，有技术，想在中国找代加工的工厂。如果你们公司希望与李先生进行 OEM 合作，就要考虑李先生在找 OEM 工厂时主要会考虑的因素。首先，一般会要求价格相对优惠，使其有空间能够加价出售。其次，由于客户自己是工程师，在产品的质量鉴别方面他是专家，因此要保证产品质量。保证机械制造行业产品高质量的关键是熟练操作的技术工人、较高科技水平的加工机械和认真的工程师。最后，交货期和售后服务也是客户考虑的因素之一。分析清楚客户的需求，在写客户开发信时才能够有的放矢。该客户开发信共分为三个部分，第一部分说明客户的信息是从哪里得到的。第二部分针对客户关心的问题列出公司的优势。第三部分附上能够说明公司实力的加工机械和产品的照片，使客户开发信有更强的说服力。

（二）主题：Innovated stereo earphone

正文：

Dear Sirs or Madams,

Good morning!

I got your company's information from Amazon.com, and noticed your customers' feedback on earphone products. It seems that some of the customers giving remarks online are not very satisfied with LEQ-3 series of products in terms of its stereo effect. （陈述一下客户潜在的问题。）

Good news that we have successfully solve this problem, due to the introduction of our earphone EQ-A19 series with newly innovated stereo technology design.This model has the same function as LEQ-3 but with perfect stereo effect.（描述一下细节，给出具体信息，但不要太详细，留下伏笔，便于下次再联系。）

Very briefly about Shenzhen Lanjing Electronic Appliance Co., Ltd, we have abundant experience in serving big cutomers like ×××, ×××.（给出两个大客户的名字，最好是同类客户。）We have passed ISO 9001, and our products has passed ××× certificate（最好是行业内世界级的认证）. We are very confident that you can rely on us as a capable supplier.

Welcome to write back to me for free sample to be delivered to you.On receipt of your reply,our newly-updated catalogue will be sent for you to better understand our company's whole range of products.

Best regards,

×××

分析：第一，业务员在写客户开发信之前已经做了大量的功课，知道客户公司网站上产品的反馈情况，知道客户目前面临的问题，这样就可以有针对性地推广自己公司的产品。比对客户的情况一无所知时就去写客户开发信的效果要更好。同时，业务员调查了客户的情况，也说明该公司业务员的态度是很认真的，容易给客户留下深刻的印象。第二，公司的大客户和获得证书情况可以说明公司产品的品质，因此业务员应该适时说明公司的客户和资质情况。第三，因为耳机属于可以以样品来说明品质的产品，因此若公司能免费邮寄样品，无疑可以激励客户回信。另外可以发送产品目录让客户有机会了解公司全系列的产品。

二、第三章第二节实操参考答案

（一）分析：从询盘的内容来看，客户对自己有清晰的介绍，对产品也有清晰而明确的要求，具体到产品的参数（we are looking for 之后的整段文字都在说明客户所需要的具体产品），足以表明该客户为业界懂行的真实客户。客户形容自己的公司为一个意大利纺织业的领先性的公司（leading company）。结合以上信息可以综合判断出该客户为来自纺织行业的长期型、大型终端客户。

（二）分析：从询盘的内容来看，这个公司 2005 年以来就从中国进口机器，是个贸易公司。从时间来看，这个公司已经有 10 余年的历史了，一般来说经过 10 余年发展的公司至少不是一个非常小的公司，所以可以判断这个询盘来自一个中大型的比较有实力的贸易公司。这个公司在上海有代理人，代理人名字的给出一方面说明了客户的诚意，另一方面说明了这个公司的正规性。此外，客户在邮件中说出了他想要什么产品（用来筛分小麦粉的不锈钢振动筛），并且说出了要求的产量、电压和功率，然后直接要求报价。从这一点来看，这位客户不仅是真实客户，而且十分懂行。因为这位客户可能很了解中国市场，所以其很可能广泛询价；因为他们采购的只是一个小型机器，所以战线不会拉得太长，是短平快型客户。综上所述，可以得出结论，该客户是一个中大型、短平快型的贸易公司。

（三）分析：如果我所在的公司是一个做塑料袋的生产厂家，我可以把真实客户分为七种类型：百货公司、连锁大型超市、品牌进口商、批发商、综合贸易采购商、零售商、政府采购商。塑料袋的生产厂家所面对的主要客户群体的采购特点根据客户具体身份的不同而有显著的区别，如此分类更利于我采取有针对性的业务开发策略。这七种类型客户的采购特点及业务开发策略如下。

（1）百货公司。很多百货公司会自己采购各类产品，不同品种由不同的采购部门负责。百货公司往往通过大的贸易公司来选择他们的供应商，自成一个采购系统，一般的工厂很难打入。百货公司的采购量大，价格稳定，每年购买产品的变化不会太大，对质量要求很高，不容易变换供应商。除非百货公司主动和工厂联系，否则这类客户不作为工厂的重点客户。

（2）连锁大型超市（如沃尔玛等）。连锁大型超市的采购量大，也有自己的采购系统，且对市场价格的敏感度很高，产品变化要求也很大。开发力强、价格便宜、资金雄厚的工厂可以将这类客户作为重点客户。小工厂最好不要尝试与这类客户合作。

（3）品牌进口商。大部分的品牌进口商会找有规模、质量好的工厂，直接以OEM方式下单，品牌进口商的利润较高，有自己的质量要求标准，订单稳定，容易与工厂建立长久的合作关系。目前有越来越多的品牌进口商来到中国来找工厂，这类客户是值得中小型工厂努力开发的客户。品牌进口商在其国内的生意规模是其采购量及付款条件的参考因素，可以通过其网站了解其实力。

（4）批发商。批发商通常采购特定的产品，在国内有自己的发货仓库，通过展览销售他们的产品。采购量大、价格低、产品独特是批发商关注的重点。这类客户通常会对比价格，所以对价格及产品的差异性要求很高。这类客户可作为重点客户，但是向这类客户报价要慎重。

（5）综合贸易采购商。综合贸易采购商什么产品都可能会买，因为他们有各种各样的客户，会采购不同的产品。但综合贸易采购商的采购量和订单的延续性比较不稳定，可不将其作为重点客户。

（6）零售商。互联网使得越来越多的零售商通过网络询价的方式进行采购，这类客户不适合作为工厂的客户，没有潜力。

（7）政府采购商。政府采购商一般对产品的质量要求较高，采购程序比较烦琐、审批环节耗时较长。但是对于塑料袋这样的消费品，政府采购商的采购量较大，而且会重复购买。对于有实力、产品质量比较高的塑料袋厂商来说，政府采购商可作为重点客户进行维护。

三、第三章第三节实操参考答案

（一）分析：这个询盘看似简单，但是不属于简单型询盘，要按照复杂型询盘的思路进行回复。首先,判断询盘类型,就题目中给出的信息可知,该客户为美国客户,而且这位客户只把询盘发给了一个卖家,结合询盘中的内容可知,客户愿意为样品和物流付费,可以判断该客户为不仅为真实客户而且是一位真诚的客户。对这样的客户,业务员应该拿出同样的真诚,可以为客户申请免费送样,这样客户只需付物流费即可。另外,从该客户的语气"Maybe"来看,该客户对所要样品的数量有些犹豫,从此可以判断该客户试图拿到样品,但是又很内敛。其次,分析产品选型问题。该询盘为一个样品单,由于客户没有发来他想要的剃须刀的照片,因此业务员应该问清楚他要哪两款剃须刀,业务员应该把产品的目录发给客户,让客户自己选择对应的型号。再次,回复客户关心的问题。第一,能否发送样品;第二,每个型号能否发送两个样品;第三,从客户的话"let me know my next steps"可知该客户其实还是想知道接下来的操作步骤,如怎么发样品、怎么付运费等,业务员应该做出一一回复。最后,传达希望客户了解的其他信息。由于该公司目前正在对某些款式的剃须刀进行促销,业务员希望客户了解这个信息,以创造更多的合作机会。

根据以上分析,对该询盘的参考回复如下。

Hi ×××,

Thank you for your reply.

Yes. We can provide two samples for the models you are interested in. Every month our company allows three customers to get free samples. I have tried to get this preferential policy for you. So you don't need to pay the razors cost. Only the logistics fee need to be paid. But could you please check the attached catalogue to indicate clearly to me which two models you like to be dispatched to you?

As to the logistics fee, the total cost to USA by Fedex is USD50 and you can pay via western Union with the following information: ×××××××. Within two days after the receipt of the payment, we will send out the samples to you. So could you please tell me your address for receiving the goods?

Our company is making promotion program for some models. Attached please find the pictures for these models. If you are interested, please let me know.

I look forward to your reply.

Best regards,

×××

　　（二）分析：第一，判断询盘类型。在相关平台信息中已经给出，该客户是终端客户，而且是比较有实力的大型食品包装公司。结合客户在询盘中给出的信息，不难判定这位客户的真实性。因为该客户属于大型终端客户，故业务员对这位客户应该充分重视。第二，分析产品选型问题，客户在邮件中说他要包装的是小麦粉，而且要求每小时能包装1000kg小麦粉，客户已经说明了物料和包装速度，应询问包装袋的尺寸、重量、是否需要密封，以及机器工作的电压、频率、相位等问题。第三，回复客户关心的问题。从客户的邮件中可以看到，客户关心的是价格和视频。因为产品型号尚未确定，所以价格是不能给出的。至于视频，一般生产型的公司现在都很注重视频的拍摄，因此可以将准备好的视频发给客户。第四，传达希望客户了解的其他信息，业务员需要对产品质量进行一定的说明和阐释，如列举出公司的生产历史和承接过的大型项目，以及公司所通过的权威认证，增强客户对公司产品质量的信任。

　　根据以上分析，对该询盘的参考回复如下。

Dear Sabri,

I am very pleased to get your reply about LCS series semi-auto packing machine on July 27th, 2018.

We are Henan ××× packing machinery company established in the year of 2003 with the certification of CE and ISO. Our company is the long lasting supplier for Chinese famous food companies like the listed companies in our website. High quality is our forever pursuit and you can see the high quality of our products showed on the attached video.

You said you need to pack wheat flour with capacity of 1000kg per hour. But still there are some questions to be confirmed with you for model selection before the quotation 3:

1. What is the size (L*W)(mm) of your smallest and biggest packing bag?
2. What is the volume(kg) of your smallest and biggest packing bag?
3. How is the sealing type? Heat-sealing or sewing?
4. How much is your voltage, Hz and phase? Like in China, we usually use 220V, 50Hz, single phase.

I look forward to your reply.

Best regards,

Carrol

四、第三章第四节实操参考答案

（一）分析：这位客户回复说："我需要 30 把椅子，15 个把可调节的和 15 个把不可调节的。"另外还说："我需要 15 把白色的，15 把棕色的。"同时，客户询问是不是可以接受颜色的定制？收到这样一个回复之后，业务员在回复前可以做出如下分析。

第一，客户关心的问题有几个？分别是什么？在回复中，客户关心的问题是可不可以进行椅子的定制。作为业务员，应该对客户关心的问题进行有针对性的回答。另外，业务员应该很自然地联想到这位客户可能来自一个贸易公司，对客户的背景进行调查后，如果确实如此，可以想办法进一步和客户拉近关系。

第二，传达希望客户了解的其他信息。虽然客户有针对性地回答了业务员提出的产品选型问题，但是业务员依然有问题需要和客户确认。客户说要"15把可调节的、15把不可调节的"椅子。但是这15把可调节的和15把不可调节的椅子的颜色如何分配？这点尚不清楚，因此业务员需要就此点询问客户。

下面是业务员做出的询盘回复，供参考。

Dear Tom,

I understand that you need 30 pieces of office chair of model 10097. 15 pieces adjustable and 15 pieces non-adjustable. But I still have some questions as below:

1. About the color, you said 15 white pieces and 15 brown pieces, but could you confirm the color distribution for the white and brown separately?

2. About the color custom design, we can make according to your request. But please offer the international color No. before production.

I have gone through your website and find that you are a furniture re-seller. We hope to establish long relationship with you. If you need more models or need more information. Please let me know. We are glad to cooperate.

Best regards,

Anna

亲爱的Tom，

我明白你需要10097型的椅子，15把高度可调节的，15把高度不可调节的。但是我还有一些问题：

1. 关于椅子的颜色，你说你需要15把白色的和15把棕色的，但是你能确认下白色和棕色椅子的高度是否可调节吗？

2. 关于颜色定制，我们可以接受颜色定制，但是在生产前请提供定制颜色的国际号。

我浏览了你们公司的网站，发现你们公司是一个家具贸易公司。我们希望和你们公司建立长期的合作关系。

最美好的祝愿。

Anna

（二）下面是业务员做出的询盘回复，供参考。

Dear Morroto,

It is good to hear from you again. You have ever inquired about our bamboo baskets on September 15, 2019. I sent you our company catalog at that time. Very nice to see you back.

Thank you for your interest in Model-19211. For this model, we have different specification with different mouth diameter and height, as showed in the catalogue I have sent to you. To clear this, I resend this page matched with this model. The price will be given to you according to your ordering quantity. MOQ is 50 pieces but discount will be given according to your purchasing quantity.

As to germicidal treatment, this is the problem we often encounters while exporting goods to developed countries. The bamboo we use will be sterilized in 100℃ for three hours water before being used for the following processing so safety can be ensured for export. Sterilization proof will be provided by our company. Actually, You are not the only importer from New Zealand purchasing our bamboo baskets. They can import with this proof so you will do.

Noticeably, our clients from Australia have been purchasing another type of baskets for long time besides the types you like. I would like to introduce to you as

Australia and NZ have similar market condition.Attached pls.find the pictures.Let me know if you are interested in it as well.

Your quick reply will be highly appreciated!

×××

分析：该业务员在回复的主体部分，首先就客户关心的具体型号、产品价格和最小订购量问题给出了回复。业务员的回复很专业，不仅说明了每个型号下有不同高度和不同口径的竹篮，而且给客户附上了相对应的目录，表现出了业务员的细心和耐心。对于最小订购量，业务员说明了价格是随着订购量变化的，也就是变相地询问客户订购量是多少。然后，业务员对客户关心的消毒问题做了同样专业的回复，说这是外贸出口中经常会遇到的问题，并说明了公司外贸出口经验丰富，有针对性地回复了具体的消毒方法（100℃的沸水煮三个小时），并且告诉客户可以提供相应的证明，更让客户放心的是，公司曾经出口过竹篮到新西兰。

该回复中，业务员还向客户推荐了澳大利亚客户经常采购的产品型号，因为新西兰和澳大利亚市场情况相似。这部分是业务员向客户传达他希望客户了解的信息。一方面向客户传达公司在大洋洲有广泛市场，另一方面也能创造更多交易的可能。

值得注意的是，在回复之初，业务员说："非常高兴再次接到你的询盘。你曾经在2019年9月15日给我发送过询盘。"这样的回复方式有助于让客户了解到业务员工作的认真度和细心度，会增加客户与业务员合作的兴趣与信心。整个回复完整、有逻辑性。

五、第三章第五节实操参考答案

参考答案如下。

附录 A 实操参考答案

<td colspan="4">Quotation Sheet</td>
Date:May 11, 2018		Address:×××, ×××, Xinxiang, China	
Company:Nordcon SLVt		Tel:86 (0)21 ××× Fax:86 (0)21 ×××	
Attn:Mr. Francisco Ortiz		Mob:86138×××	

Product Showcase & Introduction about our company

CHOOSE US
YOU CAN ENJOY:
1. High quality with ISO and CE certification
2. 15years professional manufacturing experience
3. 24hours hotline service
4. Detailed user instruction offered
5. Engineers are available oversea for big projects.
6. Professional aftersales guideline

STAQ MODEL VIBRATING SCREEN

Model and Name	Parameter	Price	Quantity	Unit Price
STAQ-800 vibrating screen	1.Materials:all in sus304 including the seat 2.Layer number :one layer 3.Mesh number:50# 4.Power:380V,3phase,50Hz	USD×××	3 Sets	USD×××
Total price	USD×××			

Factory introduction

　　Located in Xinxiang, China, Xinxiang ××× company is a leading company specialising in the field of vibration equipment for twenty years. Our company has a series of well-known products innovations including our innovative superfine powder ultrasonic vibrating screen and horizontal airstream vibrating screen, which have got the most extensive market acceptance. No matter what difficult problems you have in sieving powder, we are willing that you can turn to us for a try. The care about quality, aftersales and innovation makes us have the confidence with you to challenge any sieving problem. "No consideration for other's benefits, no our prosperity" is our external motto always borne in minds.

Comments:

1) The above price is subjected to:

241

（续）

1.1）Current exchange rate at USD1 : RMB6. The price will remain stable within the exchange rate change between +/−0.2.
1.2）Total cost of raw materials increased by less than 3%. Cost of material is based on prices of steel.
1.3）No changes to the China Import & Export tax.
2）Terms & Condition
2.1）Payment term: 40% T/T advance payment, balance 60% by T/T before shipment.
2.2）Price terms: FOB Tianjin port of China
2.3）Delivery date: 15 days from payment receipt date.
2.4）Quotation validity: 15 days.

六、第三章第六节实操参考答案

参考答案如下。

Dear David,

How are you? Busy?

Dear, have you got my previous email about the video for machine installation and debugging? It has been one week since I sent all the above files to you through email. Is it OK with your customer now?

David, I am appreciated of our cooperation this time. Through the cooperation, we have established trust and friendship between each other. From the previous business negotiation to the stages of production and dispatching, communication have been always going well. For the after-sales service, we will keep on periodical survey on the using situation about our machines. So every step in business with us is guaranteed with good service.

(续)

> For encouraging more orders from trading company, our company has instituted preferential policy based on the transaction quantity. Attached please find the instruction of preferential policy for your reference.
>
> I look forward to your reply.
>
> Best regards,
>
> ×××

> 亲爱的David，
>
> 　　你好！
>
> 　　你收到我关于机械安装调试的视频的邮件了吗？自从我给你发送了这些材料，已经过去一周了，你的客户那里一切进展顺利吧？
>
> 　　David，我很感激我们此次的合作。通过这次合作，我们已经建立起了彼此之间的信任和友谊。从之前的商务洽谈到产品生产和发货阶段，我们的沟通都非常顺利。至于售后服务，我们将对客户的使用情况做定期调查。为了鼓励贸易公司下单，我们公司制定了基于交易额的优惠政策。兹附上优惠政策说明书供你参考。
>
> 　　期待着你的回复。
>
> 最美好的祝愿。
>
> ×××

　　分析：此邮件依照题目要求有层次地进行撰写。业务员先询问机器的安装调试情况，然后对整个交易的过程进行总结，自然过渡到未来的合作问题上，逻辑严谨、层次分明、用语礼貌。在最后鼓励合作更多订单方面，业务员用到了公司鼓励贸易公司的政策，当然此处业务员也可以根据自己公司的情况从不同的角度鼓励对方下单，如公司的经验、公司稳定的售后服务、公司强大的全球销售网络等。业务员如此强调售后服务和公司鼓励多下单的优惠政策，其实也是考虑到公司产品所面临的激烈的市场竞争。在众多供应商中让客户继续和你合作，必然要有吸引客户的优势。

七、第三章第七节实操参考答案

（一）参考答案如下。

Dear ×××,

Thank you for your frankness to tell me your hesitation in the way of payment.

About payment, the buyer and the seller always have different positions, so your concern about the safety of deposit could be understood well. But I will assure you of your deposit safety based on the following reasons:

As a company with 19 years history in cooling equipment industry and annual sales figure over 200 millions RMB, we have a very good reputation in international exporting operations.

Every enterprise using Alibaba website must go through strict qualification checking procedures before being able to sell products on this platform.

Every year, we have hundreds of customers. Deposit is only a partial make-up for the expenditures we will spend on raw materials. 30% deposit couldn't guarantee 100% safe refund claim-back. But business is based on mutual trust, is that right?

Hope for your understanding.

Yours faithfully,

×××

分析：要想说服客户接受业务员提出的付款方式，首先应该想到的是怎么让客户对资金的安全放心。因此业务员应该从能够保障资金安全的角度考虑。该业务员从公司历史、实力、阿里巴巴资质认证和互信的角度去说服客户，调理清晰、有理有据。

（二）参考答案如下。

Dear ×××,

Thank you for your reply.

Although your worry is quite understandable, but from the perspective of a rich experienced factory, we ensure you that the worry is unnecessary. As long as the design is correspondent to scientific principles, the safety of detachable legs can be guaranteed. Tomorrow our engineer will make a drawing for you to illustrate why the solidity of the machine can be guaranteed.

Particularly point out the reason why we do so is for the sake of your benefits. Because it can not only avoid transportation risks in open top container, but also can help you save transportation cost if this design is workable.

Anyway, you can make a choice tomorrow after checking the drawing. We will finally respect your choice.

With my best regards,

×××

分析：该回复结构完整，业务员首先感谢客户的回复，并对客户的担心表示理解。然后阐述了客户不用担心的原因。最后特别指出这样设计完全是为了客户的利益着想。这样的回复一方面有助于树立公司的专业形象，另一方面体现了一个公司对于客户的人文关怀，有助于增加客户对公司和业务员的好感。

八、第三章第八节实操参考答案

（一）参考答案如下。

Dear Sir,

Thank you for your captioned Letter of Credit No. GSB40893.

Among the clauses specified in your credit we find that the following points do not conform to our Contract J04107.

(1) The commission allowed for this transaction is 3% as clearly stipulated in our contract, but we find that your L/C demands a commission of 5%.

(2) Goods should be insured for 110% of the invoice value, not 150%.

(3) The port of shipment stipulated in the L/C is Qingdao, but part of our goods is from Dalian. So it should be amended to China Ports as previously agreed in the contract.

(4) Documents should be presented for negotiation within 15 days after issuing of shipping documents instead of within 10 days.

(5) The L/C should be subject to UCP600.

In addition, it is our usual practice to reinforce the cartons with plastic straps, but your L/C required the cartons to be reinforced by metal straps, which will surely raise our cost. In fact, our plastic straps are always strong enough to protect the cartons. You may rest assured of that. So we suggest you make amendments accordingly.

As the goods are now ready for shipment, you are kindly requested to amend the L/C as soon as possible.

Yours truly,

×××

分析：修改信用证的要求应尽可能一次性、具体、明确地提出，以避免多次改证，耽误时间。这封邮件首先感谢对方开来的信用证，其次列明不符合要求的点并说明如何修改，最后感谢对方的合作，并希望修改后的信用证早日开出，有利于继续履约。

（二）参考答案如下。

Dear ×××,

It is a regret that you haven't made the payment. It is now Sept. 3, 2019, one day passing the time stipulated on the contract for money transfer. Before placing the order, you repeated emphasizing your urgent need for this machine,so it need to be shipped from the port before Oct. 5, as you request. But we are afraid that we can't make it due to the payment delay.

For you getting the goods earlier, could you please transfer the fund as early as possible so we can get the goods dispatched earlier.

Kindly remind you. Wait for your feedback.

Best regards,

×××

分析：签订合同后，业务员要及时催促客户付款。在此类邮件中，业务员应该提醒客户付款事宜，并告知客户及时付款对于按时交货的重要性。

九、第三章第九节实操参考答案

（一）分析：从该案例的背景资料可知，该客户喜欢欧式家具，尤其喜欢富有现代气息的改良式的欧洲古典风格家具。业务员的回复可以从此处着手，引出主题。在邮件中，业务员除了表达案例中有关沙发本身的一些信息，还可以适当地进行产品市场反馈方面的引申，避免泛泛而谈，为了说明市场反

247

馈可以适当给出一些表现市场销售业绩的数据，这样更加有说服力。按照这样的思路，参考答案如下：

Dear Qiaoben,

After communication with you, I find that you also have great interest in European Furniture, especially modern European classical type. So what I am introducing to you today will impress you very much definitely, I believe.

Enclosed please find three pictures for a newly-designed model of sofa, separately in yellow, gray and blue. Designed by the famous Italian furniture designer Mr. Black, the sofa has got the golden prize in 2019 International Furniture Exhibition. Using the first layer of cow skin makes the sofa looks full of texture and classical sense.

Noticeably, this model of sofa has been the best-selling type since it was promoted since October in Chinese market this year, especially for Chinese middle-income-class customers. I believe it will have good sales performance in Japan as well. If you like it, please let me know. Due to our longstanding cooperative relation, we will give you a favorable price.

I look forward to cooperation with you once time again.

Best regards,

Kelly

（二）分析：首先，业务员应该感谢客户告知情况，并向客户道歉，解释造成这一错误的原因。其次，业务员应该理性地提出解决问题的方案，为了避免给三方造成更大的损失，建议客户留下错发的货物，并且提出减免一半的货款，同时给客户补发配件。这样的弥补方案是为了让客户满意，尽力挽回客户，提高客户对公司的忠诚度。最后，再次向客户道歉。按照这样的思路，参考答案如下：

Dear Sam,

Thank you for telling us about the problem you encounter after the goods was unpacked. I did realize this mistake yesterday when I saw the picture you have sent to me..For this pls allow me to make a sincere apology to you on hehalf of our company.

The vaccum dust cleaner we meant to sent to Britain has been wrongly delivered to you. This is because the model number and the price of goods for you and one British customer were so similar that the worker mistook them. Another reason was that new workers wasn't so experienced after the old ones had retired.

In order to minimize the possible loss to all of us, could you please consider accepting this wrongly-sent vaccum cleaner? Because this model is almost the same as yours except for the color and the size of the exit. If you agree, we would like to refund half of the machine price to you as compensation. For the exit if you think it is necessary to changed to your requested size, we would mail the right one to you by DHL.

Strict punish system has been set up in our company now for preventing this kind of mistake happening again. Please accept my most sincere apology once again.

Yours truly,

Rose

给英国客户的邮件的写法可仿照上例。因为英国客户尚未收到货物，因此只需修改给意大利客户的道歉信的第一段即可。然后注意收件人身份的替换。

十、第四章第一节实操参考答案

场景1：机场接待客户

Guest (G): Excuse me. Are you the representative of Nanjing Aifeite Ceramics Co., Ltd?

Company Representative (CR): Yes. Are you Mr. Hilton?

G: I'm Robert Hilton from the American Andrew Rice Origin Foundation.

CR: My name is Su Hui, I'm here to meet you. Welcome to Shanghai!

G: Glad to meet you.

CR: The pleasure is mine. Is this your first visit to China, Mr. Hilton?

G: Yes. It's my very first. I'm looking forward to seeing your beautiful country.

CR: I hope you will have a pleasant stay here.

G: Thank you. I'm sure I will.

CR: Is this all your baggage?

G: Yes, it's all here.

CR: We have a car over there to take you to our hotel.

G: That's fine.

CR: Let me help you with that suitcase. Shall we go?

G: Yes, thank you for all the trouble.

CR: No trouble at all. This way please.

场景 2：工厂接待客户

主题 1：关于公司组织部门的介绍

CR: I'll show you around and explain the operation as we go along.

G: That'll be most helpful.

CR: That is our office block. We have all the administrative departments there. Down there is the research and development section.

G: How much do you spend on development every year?

CR: About 3%~4% of the gross sales.

G: What's that building opposite us?

CR: That's the warehouse. We keep a stock of the faster moving items so that urgent orders can be met quickly from stock.

G: If I placed an order now, how long would it be before I got delivery?

CR: It would largely depend on the size of the order and the items you want.

主题2：参观工厂

CR: Put on the helmet, please.

G: Do we need to put on the jackets too?

CR: You'd better, to protect your clothes. Now please watch your step.

G: Thank you. Is the production line fully automated?

CR: Well, not fully automated.

G: I see. How do you control the quality?

CR: All products have to go through five checks in the whole manufacturing process.

G: What's the monthly output?

CR: One thousand units per month now. But we'll be making 1200 units beginning with October.

G: What's your usual percentage of rejects?

CR: About 2% in normal operations.

G: That's wonderful. Is that where the finished products come off?

CR: Yes. Shall we take a break now?

主题3：参观完工厂回到会议室

CR: It was very kind of you to give me a tour of the place. It gave me a good idea of your product range.

251

G: It's a pleasure to show our factory to our customers. What's your general impression, may I ask?

CR: Very impressive, indeed, especially the speed of your NW Model.

G: That's our latest development. A product with high performance. We put it on the market just two months ago.

CR: The machine gives you an edge over your competitors, I guess.

G: Certainly. No one can match us as far as speed is concerned.

CR: Could you give me some brochures for that machine? And the price if possible.

G: Right. Here is our sales catalog and literature.

CR: Thank you. I think we may be able to work together in the future.

十一、第四章第二节实操参考答案

分析：保留式开局策略是指在谈判开始时，对谈判对手提出的关键性问题不做彻底、确切的回答，而是有所保留，从而给对手带来神秘感，以吸引对手步入谈判。本案例中，该厂成功的关键在于其策略不是盲目的、消极的。首先，该厂的产品确实好，而几个公司求货心切，在货比货后让客户折服；其次，该厂巧于审势布阵，先与小公司谈，牵制大公司，促使其产生失去货源的危机感，这样订购数量和价格才能大幅增加。注意在采用保留式开局策略时，不要违反商务谈判的道德原则，即以诚信为本，向对方传递的信息可以是模糊信息，但不能是虚假信息。否则，会让自己陷于非常难堪的局面之中。

十二、第五章第三节实操参考答案

（一）分析：客户对卖家不够信任，希望来厂考察。这种情况下业务员应该向客户推荐信用保障服务以解除客户对交易安全性的忧虑。在给客户写邮件时，业务员首先应该感谢客户的合作意愿，然后欢迎客户来厂考察。业务员应从加快交易能够为客户带来的好处的角度出发，提出用信用保障服务来进行交易的建议。最后，业务员可以向客户介绍信用保障服务的使用流程。按照这样的思路，参考答案如下。

Dear Robert,

Thanks for your willing to cooperate with us.

I understand for the first time cooperation, you must have some worries about the safety of making the deal. Welcome to visit us if you can manage it. After all the visit can help you understand more about our factory and product.

But now for the present order, I would like to introduce a special service offered by alibaba called trade assurance, which can provides buyers with a number of trade safeguards protecting buyers' payment to suppliers, and to ensure suppliers fulfill their obligations regarding order delivery time and product quality. According to the trade assurance, if you did not receive the goods, alibaba system would give you refund.

The flow is as follows:

(1) I need to draft a contract on alibaba platform with the detailed product information and the delivery time information, then submit the contract online.

(2) After contract submission, one link will be borne out automatically by alibaba platform. I will send the link to you online on alibaba platform then on your alibaba insurance platform you can click on the link to check the contract and payment information. You can use TT or credit card to pay to the banking account showed on the link page.

(3) When you have paid the deposit, we can see what you have paid. We start

production.

(4) When our machine is ready for dispatching, we send you the picture then you pay the balance to Alibaba Yidatong. We dispatch the goods from our factory.

(5) What's more, dear, if you don't get the goods, Alibaba would refund the money to you.

So dear, you can use Alibaba credit insurance.Please be assured.

Best regards,

Livia

（二）根据题目的要求，下单流程如下。

（1）业务员填写信息，建立信用保障订单，如图 A-1 所示。

图 A-1　填写信息

（2）在提交订单后，系统会自动生成一个链接，业务员将这个链接发给

附录 A 实操参考答案

客户，客户单击链接，就会看到包含购买信息的邮件，如图 A-2 所示。

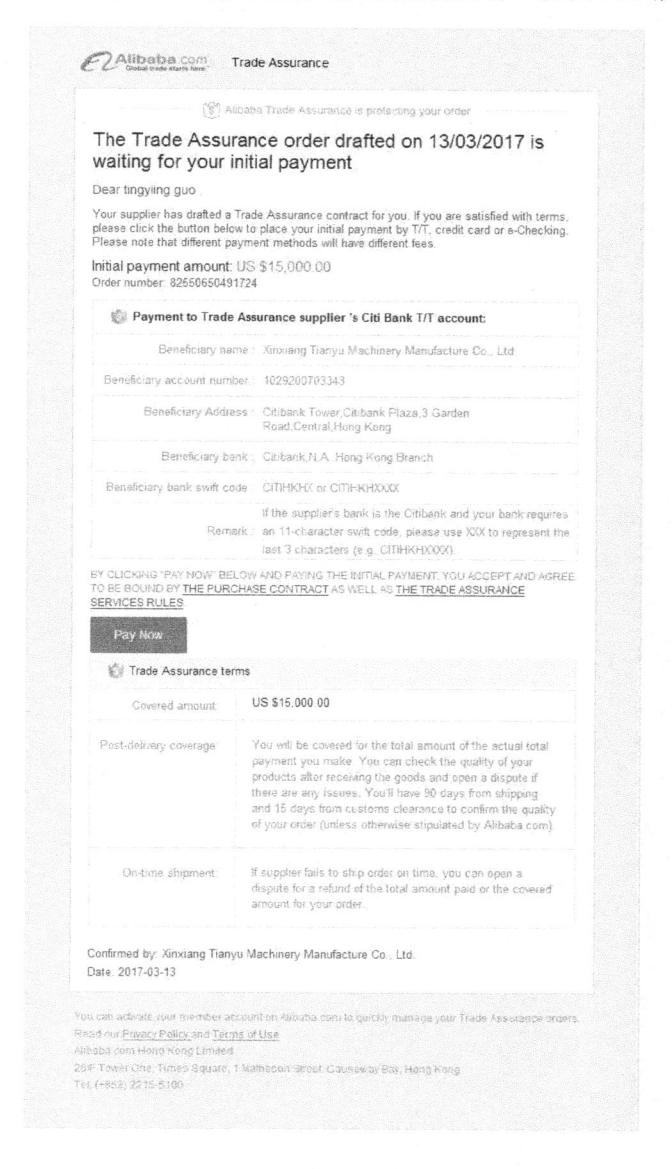

图 A-2 包含购买信息的邮件